新时代
学术进阶丛书

How Science and Engineering Students Do Research

# 理工科生如何做科研

雷德明　著

清華大学出版社

北京

**图书在版编目(CIP)数据**

理工科生如何做科研 / 雷德明著. —北京：清华大学出版社，2024.5
（新时代学术进阶丛书）

ISBN 978-7-302-66149-8

Ⅰ.①理…　Ⅱ.①雷…　Ⅲ.①理科(教育)－科学研究－研究方法②工科(教育)－科学研究－研究方法　Ⅳ.①G312

中国国家版本馆CIP数据核字(2024)第088578号

责任编辑：顾　强
封面设计：周　洋
版式设计：方加青
责任校对：王荣静
责任印制：曹婉颖

出版发行：清华大学出版社
　　　　网　　　址：https://www.tup.com.cn，https://www.wqxuetang.com
　　　　地　　　址：北京清华大学学研大厦A座　邮　　编：100084
　　　　社 总 机：010-83470000　邮　　购：010-62786544
　　　　投稿与读者服务：010-62776969，c-service@tup.tsinghua.edu.cn
　　　　质 量 反 馈：010-62772015，zhiliang@tup.tsinghua.edu.cn
印 装 者：河北鹏润印刷有限公司
经　　销：全国新华书店
开　　本：148mm×210mm　印　张：7.25　字　数：173千字
版　　次：2024年6月第1版　印　次：2024年6月第1次印刷
定　　价：69.80元

产品编号：103711-01

# 自　序

　　科研是发现问题并创造性解决问题的过程，其基本任务就是探索未知和创新，目的是发现新理论、新方法、新原理，发明新技术、新手段、新产品。科研必须有价值——理论价值、应用价值、技术价值均可。科研要"顶天立地"，"顶天"指要做国际前沿的研究，甚至原创性研究，实现从 0 到 1 的突破，或者攻克核心关键技术，在某一研究领域拥有国际话语权，而"立地"指要解决国家的科学和技术需求，为国家、企业和个人做出实实在在的贡献。很多科研大咖的科研成果既"顶天"也"立地"，既在科学和技术方面的国际学术舞台占有一席之地，又能实实在在解决企业和人民在生产生活中的难题。

　　随着我国加快建设创新型国家，坚持创新在我国现代化建设全局中的核心地位，努力实现科技自立自强，科研成为理工科生所在高校，尤其是国家重点建设高校的重要工作和主要任务。理工科生从进校第一天开始，听到最多的词应该就是科研。开学典礼上发言的老师代表和学生代表多半是学校的科研牛人。开学期间参观各种科研实验室，包括省部级重点实验室、国家重点实验室时，实验室工作人员一定会向参观学生自豪地宣讲实验室的研究成果，发表在国际顶级期刊如 *Science* 和 *Nature* 上的论文及其广泛影响，服务于国家各项建设工程如中国载人航天工程、中国载人深潜工程、中国大飞机 C919 的各种设计、论证和科研攻关，专利转化后所产生的巨大收益，获得的各种国家级和省部级科研奖励，实验室培养的科研达人骄人的科研成绩和令人羡慕的毕业去向，让参观的理工科生深刻感受到科研的巨大作用和魅力，从而下定决心好好做科研。

理工科生中，大多数本科生刚从繁重的中学学业负担中解脱出来，对科研没有概念，不了解科研的内涵是整理、继承知识，以及创新、发展知识，认为科研充满神秘感，对科研过程缺乏基本认识。硕士研究生在本科期间有了一些基础的科研训练如课程设计、毕业设计以及学科竞赛，部分硕士研究生在本科生期间取得了一些科研成果如论文和专利，但缺乏系统的科研训练。随着研究生学位论文盲审力度的加大，没有足够有质量的科研成果，硕士研究生将很难顺利拿到学位。博士研究生是我国科学研究的主力军。具备独立从事科学研究工作的能力，并在科学或专门技术上做出创造性的成果，是博士培养单位对一名合格的博士研究生的基本要求。总之，科研是理工科生必须攻下的山头，是顺利毕业无法绕过的环节。

科研无坦途。作为典型的创造性活动，科研需要创造思维这一锋利的武器，在科研规律指导下，披荆斩棘，从一团乱麻、毫无头绪、停滞局面中蹚出一条蜿蜒曲折的路径，找到破解未解之谜的钥匙、冲破重重技术关卡，最终形成所研究科学问题或技术问题的研究思路，并通过理论、实验或试验验证其合理性、有效性、优劣势等。随后，理工科生需要用简洁、准确且富有逻辑性的表达，按照学术论文、学位论文的写作规范，打造高质量论文，并深深打动审稿人。不过，理工科生的科研、论文写作和投稿充满着各种不确定性，会踩到各种"坑"，比如，论文选题陈旧或意义不大、研究思路缺乏新意、实验结果不理想却找不到解决方法、研究动机阐述不清、论文逻辑混乱、选择了一个有污点的期刊，或者冒犯了审稿人等。

科研途中遇到的不确定性和令人沮丧的各种"坑"会显著影响理工科生的研究进程，损害理工科生对科研的热情，甚至会让一些本可以在科研领域大有作为的年轻人放弃科研。本书力图为理工科生了解科研规律和方法，提升科研能力，练就过硬论文写作本领提供有效的解决方案，从而减少科研过程的不确定性，避开论文写作与投稿的"坑"。本书旨在为理工科本科生提供一种尽快认识和了解科研规律、方法的途径，让理工科硕士生在科研过程中少走弯路，为理工科博士生进一步提升科研能力和水平贡献一些经验和教训，让理工科生的科研之路走得更顺畅。

本书一共 5 章。第 1 章介绍理工科研究基本概念，主要包括科学与技术、科学问题与技术问题、理工科研究的过程、科研成果以及如何做有价值的科研成果等。第 2 章阐述理工科的科研路径，从如何掌握创造技法开始，在遵循科研规律前提下，提炼研究问题、设计研究思路并进行理论、实验或试验验证。第 3 章描述理工科论文的五大要素，包括题目、摘要、研究动机、研究结果和研究结论。第 4 章讲述论文如何投稿和修改，主要包括期刊的合理选择、投稿原则与技巧、期刊评审、评审意见处理攻略和不通过原因的复盘。第 5 章讲述理工科生如何综合提升科研水平，比如如何在导师指导下做科研、如何提升科研能力和突破自我等。

雷德明

# 目  录

第 1 章

# 初步认识理工科研究

科学研究具有两大目的：第一，**创造知识，**即以发现新知识、新规律、新原理，发明新方法、新手段、新技术等为目的，比如牛顿的万有引力定律、丹尼斯·奥斯汀发明的 PowerPoint；第二，**整理和修改知识，**即对产生的知识进行分析整理、综合归纳、鉴别运用，使其系统化和规范化，比如门捷列夫整理已知化学元素，发现了元素周期律。

科学研究包括基础研究和应用研究等。基础研究是以探索未知现象、客观现实的新知识为目标的实验性或理论性研究，其成果是全新的科学发现，以论文和专著的形式呈现。基础研究事关一个国家的原始创新能力，是一个国家跻身世界科技强国之列的必要条件。基础研究创造知识，而应用研究探讨知识应用的可能途径，以技术为目的，其成果是技术发明。应用研究必须以科学发现为基础，典型例子是光纤。华人诺贝尔奖获得者高锟开创性地提出光导纤维在通信上应用的基本原理，康宁公司三位工程师研制出第一根高度透明的石英玻璃光纤，随后该公司研发出各种光纤产品。

通常，理科如数学、生物、化学等专业的研究以基础研究为主，而工科如机械工程、计算机、自动化等专业的研究以应用研究为主。显然，理工科研究涉及科学问题、技术问题，其研究过程是研究者在学术诚信大原则下，通过解决一个个科学难题或技术问题，做出具有价值的科研成果。理工科研究是科学研究的主要组成部分，是我国建设科技强国的强有力支撑。

## 1.1 什么是科学？什么是技术？ 》

科学和技术是推进社会进步、提高生产效率、提升人类生活水平最重要的两个因素。科学为人类揭开大千世界各种难以解释、捉摸不透，甚至令人恐惧的未知现象和规律，而技术是人类改造世界和征服自然的手段和工具。两者具有共同特点：需要坚持不懈地探索；都闪耀着创造的光芒，科学是发现人类未知的现象和规律，而技术是做前人从未做过的事，都是从无到有；具有继承性，都不是建立在无知的沙漠上，或者凭空而生。

科学的成果是科学发现，而技术水平体现在技术发明上。正是层出不穷的科学发现、技术发明、技术革命，才让人类摆脱了对大自然的无知和恐惧，摆脱了茹毛饮血和巢居穴处的原始生活，从总是忍饥挨饿到生活无忧，实现了工业产品和生活用品的极大丰富、交通和通信的极大便利等。可见，科学与技术是人类历史发展的重要推手。

### 1.1.1 科学、科学发现、科学精神

科学在中国是一个很麻烦的术语。中国古代没有"科学"这个词。明朝末年徐光启向意大利传教士利玛窦学习西方科学时，将Science 翻译为"格物致知之学"，简称"格致"。明治维新时期，

日本教育学家福泽谕吉将 Science 翻译为"科学",并在日本广泛应用。1893 年,康有为引进并使用"科学"一词。五四运动时期,我国引进了"德先生"和"赛先生",其中"德先生"是民主,而"赛先生"就是科学。可见,中国人用"科学"这个词也就一百多年的历史。

"科学"一词在不同国家,意思各异。英国人讲的科学一般指自然科学。在中国,中国科学院前不加自然,而其他科学前要加定语,比如,社会科学院、农业科学院等。法文讲的科学往往是一般意义上的知识,包括文史哲等人文学科,所有成系统的知识都是科学。

## 1)科学概述

古希腊时期,在爱琴海周边有一群智者,他们不上班,终日思考宇宙的本质、生命的意义等各种远离普通人生产和生活的问题。他们成立了好多学派,其中毕达哥拉斯学派震古烁今,名气非常大。他们发现了毕达哥拉斯定理(即勾股定理),提出了万物皆数、数是万物的本质等抽象和夸大数为宇宙本原的理论,将"数"神秘化,认为"数"是众神之母。他们格外看重的数是有理数,可这个学派的成员希帕索斯发现了 $\sqrt{2}$,一个未知的数,一个令他们恐慌、信仰崩塌的数,悲痛欲绝的他们将希帕索斯扔进了海里。

古希腊这群不上班的人是科学的开创者,科学起源于古希腊。古希腊科学存在两大类,即数学和哲学,并强调科学越没用越好,越纯粹越高贵。在中世纪,古希腊科学衰落了,取而代之的是起源于欧洲的现代科学。不过,和古希腊科学不一样,现代科学不是一个纯粹的科学,它是有用的。

现代科学两大鼻祖各自讲过一句话:

- **知识就是力量**（Knowledge is power）
- **我思故我在**（Je pense, donc je suis）

第一句话是弗朗西斯·培根的名言，一语道破了现代科学的特征：现代科学有力量，是有用的科学。培根认为，科学应该为人类造福，要利用自然、征服自然，而征服自然必须先顺从自然、了解自然，要把自然界"抓起来拷问"，让它"供出"自己的秘密。现代科学走上实验道路，就是通过对自然的"拷问"而逼出它的秘密，即所谓探寻自然的奥秘。

第二句话是法国科学家笛卡儿的名言。这句话的意思比较复杂，"我怀疑一切的存在，却不能否定我的存在，因为当我怀疑、否定时，作为怀疑者的我已经存在"，更加绕口的解释是"我可以怀疑东，怀疑西，但我不能怀疑我在怀疑，因为一旦我怀疑我在怀疑，恰好证明我在怀疑，从而也恰好证明我的存在"。

笛卡儿认为，思想的本质是理性，而且是我的理性，人成为世界的价值核心，世界是什么样子，都要按人的目光和理解框架去透视它。笛卡儿企图把世界彻底数学化，他认为，只有数学上说得通的东西才是真正的东西，能够被数学化的自然界才是真正的自然界。

那么，科学究竟是什么？科学是知识，是关于有限领域、有实证根据和明确适用范围的知识（罗素语），是反映客观事实和规律的知识。在《韦伯斯特新世界词典》中，科学的定义为："科学是从确定研究对象的性质和规律这一目的出发，通过观察调查和实验而得到的系统的知识。"科学学创始人贝尔纳认为，科学可作为一种社会建制（即有很多人从事科学这一职业）、一种方法（即从事科学工作的一整套思维和操作规则）、一种积累的知识传统、一种维持和发展生产力的主要因素。总之，科学是科学知识、科学研究、科学方法、科学家、科学精神、科学事业等的总称。

科学是知识，但知识不一定是科学，即有的知识是科学，有的不是，甚至是伪科学。什么样的知识是科学，或者什么是科学，这个问题一直困扰着想找到答案的人。从事科学哲学研究的学者以"什么是科学"为主题写了大量的论文和专著，似乎也没有给出标准答案。有些问题依旧悬而未决，比如，中国古代到底有没有科学，如何解答图 1.1 中的李约瑟难题。

李约瑟难题：虽然中国古代对人类科技发展做出了很多重要贡献，但为什么科学和工业革命没有在近代的中国发生？

英国学者李约瑟

图 1.1　李约瑟难题

尽管未给出关于"什么是科学"的标准答案，但科学的主要特征还是被研究者摸得比较清楚。研究者根据一系列特征来判定知识和理论是否是科学。科学的典型特征包括如下几种：

- 符合奥卡姆剃刀原则
- 客观性
- 可证伪性
- 可重复和可检验

奥卡姆剃刀原则称为"如无必要，勿增实体"，即简单有效原理。奥卡姆是个地名，其提出者威廉来自奥卡姆。威廉只承认确实存在的东西，认为那些空洞无物的东西都应该被剃刀无情地"剃除"，故称奥卡姆剃刀原则。符合奥卡姆剃刀原则指科学理论或知识必须简明，不能包含一大堆假设和条件。

科学追求客观的真理，强调理性与客观，而非主观喜好。科学理论不依赖于个人意志，它对所有的人有相同的解释力和预测力。科学的客观性包括研究对象客观存在、内容客观、评价标准客观。

可证伪性指科学知识或理论不能在任何条件下都永远正确、不能做任何修改；相反，科学要接受实践的检验。在实践中，可能找到科学理论或知识的错误，使理论或知识被证伪或被否定，从而过渡到更新的理论。

如果某个理论或方法只有它的提出者能得出论文所宣称的研究结论，而其他研究者按照提出者描述的设备、步骤和方法等进行重复性实验，不能得到相应的结论，则这个理论或方法不科学。比如，韩春雨在《自然–生物技术》（*Nature Biotechnology*）发表论文，声称发现了基因编辑新方法 NgAgo，但由于国内外学者无法重现论文的实验方法和实验结果，论文被撤稿。

## 2）科学发现

科学的成果是新现象、新规律和新原理，是那些客观世界早就存在而人类未认清的事物或现象的规律，是科学发现。比如，居里夫人发现新元素镭、分离提取出纯的金属镭；印度物理学家拉曼发现光线被液体散射时的"二次射线"，即拉曼散射，很好地解释了海水为什么是蓝色的。

科学发现是因高度复杂创新性劳动而形成的成果，包括事实的发现和理论的发现。前者如电子、放射性、X 射线；后者如比利时学者普里戈金提出的耗散结构理论。科学发现可以受自然启发而产生。伽利略悟出了"大自然这本书是用数学语言写的"，用数学和实验方法得出了自由落体定律。麦克斯韦基于自然界普遍存在的对称性，相信电和磁具有对称性，预言电磁波的存在。受日常生活启发也能产生重大科学发现，比如，美国物理学家格拉泽受啤酒泡沫的启发而研制出探索物质结构的新探测仪——气泡室。

中国古代迷信鬼神，每当出现一些恶劣的自然现象如地震、日食、彗星，皇帝就会以为是自己的德行有亏或者执政不佳才引得上天出手警告和惩罚，还常常将各种不常见的生物如白雉（即白野鸡）、自然现象如甘露看成祥瑞，认为是吉兆。正是科学发现的不断涌现让人类加深了对世界的正确认识，摆脱了对大自然的恐惧；正是科学活动或科学研究为人类解答了一个个"是什么"和"为什么"的问题，人类才走出愚昧，走向智慧。

### 3）科学精神

研究者和理工科生在科研过程中应崇尚和弘扬求真、务实、质疑、包容、创新的科学精神，坚持做"科学"的研究，避免任何"不科学"的思考。

求真是科学精神的灵魂。探索真理、追求真理、捍卫真理是求真的主要内容。永远要对新鲜的事物敞开心扉，准备接受新的知识，容纳新的观念，探讨新的奥秘，追求新的结果，这是科学得以发展的基础。

务实是科学精神的根本。科学精神与唯物主义息息相通。实践是检验真理的唯一标准；科学理论源于实践，也应回到实践。一切不符合实际的思维和行为都是不科学的。科学以苍生为念、不事鬼神，大胆假设、小心求证。

质疑是科学精神的属性。如果没有质疑精神，人类就失去了分辨是非的可能。所有观念，不管合理还是荒唐，都全盘接收，科学将成为垃圾场。伪科学人士常争辩说，他们富有质疑精神。的确，他们很有怀疑科学主流的勇气，比如"科学神创论"者怀疑进化论，研究"特异功能"者怀疑物理定律。但科学的质疑必须以务实为基础，需要理性，毫无理性的质疑本身就不科学；质疑要有实证，有确凿的证据，在严格控制的条件下，用严密的方法，重复、独立得到观察和实验结果；质疑要有逻辑。

包容是科学精神的气质。包容是对自由的保证。我们要坚持多元取向，允许各种公开自由的话语表达，包容地对待不同的学术观点和学术立场，正如爱因斯坦所言，"自由而无拘束地交换意见和交换科学研究的结果，是科学健康发展所必需的"。

创新是科学精神的关键。科学有永无止境的前沿，科学精神不承认有任何亘古不变的教条。一切因循守旧、抱残守缺的思维和行为都不科学。科学精神必须勇于探索、创新，重视开放合作，引领人类不断走向新的认知和实践。

科学精神这五个方面是一个有机整体，不能割裂开来认识和看待，不能只讲求真或只讲务实、只讲质疑或只讲包容，抑或只讲创新。孤立地强调某一方面，都是在为伪科学大开方便之门，或者有阻碍科学发展的危险。

## 1.1.2　技术、技术发明、技术革命

技术经常和科学合在一块，组成一个词"科学技术"，简称

"科技"，比如，科学技术奖励、科学技术部、中国科学技术大学等。与"科学"不同，中国古代有"技术"这个词。《史记·货殖列传》有"医方诸食技术之人"。"食技术之人"就是依靠技艺谋生的人；技术的本意就是技艺、手艺。中国古代除了一心读圣贤书的人外，很多人靠技术谋生，在农业、水利、医药、建筑等方面长期处于世界前列，其中造纸术、指南针、火药、印刷术对世界技术史产生了巨大影响。

法国科学家狄德罗给技术下了一个权威的定义："技术是为某一目的共同协作而组成的各种工具和规则体现。"从这个定义可以看出，技术具有目的性，其实现需要广泛的社会协作。其表现形式一种是生产工具、设备等，是硬件；另一种形式是规则，即生产使用的工艺、方法和制度等，是软件。与科学一样，技术也是成套的知识体系。世界知识产权组织将能带来经济效益的科学知识都定义为技术，认为技术是制造一种产品的系统知识、所采取的一种工艺或提供的一项服务。

技术的根本职能是改造世界，实现对客观世界的控制、利用、保护，着重解决"怎么做"的实际任务。技术强调实用，即利用技术生产的产品必须够用、好用、耐用。够用指功能上满足用户要求，好用指使用方便，而耐用指使用时间长。

技术的成果是技术发明，是新方法、新工艺、新设备、新工具、新品种等，在这些发明出现之前，从来没有人做过。技术发明的存在取决于人类需要，并旨在满足人类需要。人类为了生存而利用石块等制成简单工具，这是技术的起源。古代的生火方法、青铜技术、炼铁技术等增加了食物的来源和种类，提高了劳动效率。现代的电报、电话、计算机、手机、互联网等为人类提供了新的通信途径，而汽车、火车和飞机为人类的出行提供了更加便利和快捷的方式。当人们嫌低速火车无法满足更快的出行需求时，高速铁路应运而生。总之，技术发明广泛应用于人类社会所有领域，促进了人类物质文明的发展，改变了人类的生活方式、思考方式、行为方式，使人类能更加高效地生产、更加幸福地生活。

图 1.2 描述了人类历史上有巨大影响的发明。轮子和帆船大约在公元前 4000 年被发明，其中，轮子最初不是用来做运输工具的，而是制陶的转盘。

图 1.2 人类历史上有巨大影响的发明

由于人类对美好生活的不断追求，从石器时代开始，技术始终处于演化进程中，从未停下前进的脚步，经过了青铜时代、铁器时代、蒸汽时代、电气时代、信息时代，一直发展到今天的智能时代。

在石器时代，人类从最开始的打制石器（把石块打碎，挑选合适的石块），到磨制石器、陶器、青铜器和铁器等。青铜时代和铁器时代的典型特征分别是青铜广泛用作工具和武器、冶铁技术的广泛使用，而随后的三个时代对应 18 世纪中叶以来，人类历史上发生的三次工业革命。三次工业革命也是技术革命，伴随着大量颠覆性技术的涌现。

第一次工业革命（1750—1850 年），人类生产与制造方式出现了以机器取代人力和兽力、以大规模工厂替代手工业生产的趋势。蒸汽机的发明和改进是第一次工业革命的中心技术。这次工业革命推动生产力飞跃式发展，西方资本主义开始超越东方并逐渐统治世界，而同时期的中国依然陶醉在"天朝上国"的美梦中无法自拔，遗憾地错过了这次工业革命，从而导致后来百年屈辱的历史。

第二次工业革命（1870—1950 年）以电力在生产和生活中的广泛应用为代表，电灯的发明是标志。新技术有电力、内燃发动机、炼钢、电报和无线电通信技术等。人类的生产力又一次得到飞跃。

第三次工业革命（1950—2000 年）以原子能技术、航天技术、电子计算机和可再生能源的应用为代表。这次革命彻底改变了整个社会的运作模式，使科学和技术紧密结合，相互促进。

三次工业革命使人类发展进入空前繁荣的时代，也造成了极大的资源消耗，付出了巨大的环境代价和生态成本，急剧扩大了人与自然的矛盾，为此，起源于 21 世纪初的第四次工业革命尽力为这些问题和矛盾的解决提供新的思路。第四次工业革命的标志是数字化、网络化和智能化，核心技术是互联网、物联网、大数据、人工智能等，将对制造业、交通运输、能源环保等行业产生深远影响。

## 1.1.3　科学与技术

技术贯穿整个人类历史。中国古代技术发达，四大发明对全世界影响深远，而鸦片战争后，中国因技术落后而被动挨打，经历了长达百年的屈辱历史。

科学的出现远比技术晚，人类技术演进到古希腊时期，才出现科学。中国古代科学不发达。在欧洲，科学知识由贵族掌握，而技术掌握在工匠手中，科学与技术彼此分开。在文艺复兴时期之后，科学活动规模变大，科学与技术才开始彼此相互接近。19 世纪以后，科学成为技术发展的重要基础，往往是科学实现从 0 到 1 的突破，技术则将 1 变成 n，许多技术都是科学发展的结果，即先有科学，后有技术。比如，以电力为标志的第二次工业革命就是在科学理论的指导下完成的，内燃机原理发现 21 年后，人类才于 1883 年制成了第一台汽油内燃机（四冲程往复式汽油机）；无线电通信原理在 1895 年被研究出来，26 年后才出现基于该原理的技术成果——公共广播电台。不过，技术也能产生科学，比如，射电望远镜的发明和利用，产生了射电天文学。总之，科学与技术既有差别，又有密切联系。

科学的进步并不总是推翻一切重来的大革命，而多是在原有基础上的演化。科学的进步是连贯的进步。被视为现代科学最大的两场革命就是如此：达尔文的进化论并没有推翻博物学、地质学的一切成果，而是保留了其中绝大部分数据和理论，并做了重新解释；爱因斯坦相对论也没有推翻牛顿力学，而是它的扩展、深化。爱因斯坦在总结他的成果时曾说："创造一个新理论并不像是摧毁一个旧谷仓，然后在原地建一座摩天大厦。它倒像是在攀登一座山，获得了新的、更宽阔的视野。"而技术演进往往是摧毁一个旧谷仓，然后在原地建一座大厦，每一次技术革命，随着新的颠覆性技术的不断涌现，无数技术被淘汰，消失在人类的生产和生活中。

科学技术实力是整个国家实力的重要组成部分，也是发达国家遏制和制裁其他国家的重要手段，尤其是技术封锁，已成为一些发达国家打压其他国家的惯常做法。我国在一些关键技术如芯片制造技术方面受制于美国等西方国家，技术水平落后是一方面，更重要的是基础研究薄弱。目前，我国基础研究经费占全社会研发投入的比重超过 6%，仍远远落后发达国家的 15%。除了国家加大基础研究投入外，企业也要加大对基础研究的投入。全社会齐心协力，方能在基础研究上实现突破，让"卡脖子"成为历史。

理工科研究包含基础研究、应用研究等，其中基础研究以扩展科学知识、建立科学理论为目的，是科学范围内的研究，其研究成果是新概念、新理论、新现象等。理科专业如数学、物理、化学、生物学、力学等的学生和老师主要从事基础研究。基础研究不着眼于应用，没有商业目的，不直接解决实际问题和难题，却是整个科学体系的源头、一切技术问题的总开关。其成功率低，一般不足 10%，能够实现商业化和企业化的仅有 2%～3%，但重大科学发现往往会带来生产和生活的革命性改变。

应用研究则以技术为目的，探讨知识应用的可能性，研究成果为新工艺、新产品、新流程等。工科专业如计算机、自动化、土木工程等的师生主要从事应用研究。应用研究有目的、有计划、有时间限制，其成果具有实用价值和一定的保密性。应用研究成功率有 50%～60%，实现商业化的可能性较大。

总之，科学与技术具有不同的历史发展过程、不同的进步规律，但无论是科学的发展，还是技术的演进，都得靠解决一个个科学问题或技术问题而向前进化。

# 1.2 区分科学问题与技术问题 》

问题是需要解答或回答的疑难。当人类认识未知现象或事物时，问题便产生了，即当人不了解却渴望了解未知事物或现象时，就会提问题。比如，从小朋友嘴里冒出的各种为什么，理工科生在答疑课上提出的问题，人类自身面临的粮食问题、环境问题、能源问题、人口问题等。人所面临的问题，有的答案明显，有的需要不懈探索，有的始终找不到合适的解决办法。

科学问题和技术问题都是需要不懈探索方能找到答案的问题。科学问题是以目前人类的知识未能找到答案的问题，比如，有没有外星人？目前虽然有很多假说，但没有大家普遍接受的答案。科学问题的解决将拓展人类的知识边界。而技术问题是运用科学理论或技术实现某种特定功能时遇到的问题，比如如何实现软件缺陷自动检测。技术问题反映了人类需求和满足需求的能力与方法间的矛盾，往往是为了提高生产效率、防范威胁和攻击、改善生活便利等现实目的。科学问题与技术问题之间存在明显区别。

## 1.2.1　科学问题

1921 年，印度物理学家钱德拉塞卡拉·文卡塔·拉曼受邀参加英国帝国大学会议后乘船回国，途经地中海，蔚蓝色的海水令他赏心悦目，他突然对"海水为什么是蓝色的"这个科学问题产生了强烈的兴趣。关于这个问题，英国物理学家、诺贝尔奖获得者瑞利曾解释过蓝色天空的形成原因：太阳光经大气分子散射后，红色光大部分被接收，剩下的大多数为蓝色光，所以天空一般呈蓝色，而海水之所以是蓝色的，是反射天空颜色的缘故。

拉曼怀疑瑞利的解释，他用随身携带的尼科尔棱镜观察海水颜色，惊讶地发现，在消去大海表面反射的天空蓝光后，大海的颜色竟比天空的颜色蓝得多。拉曼猜想，这种现象并非由海面对天空颜色的反射引起，而可能是由于水分子对阳光的散射。回到加尔各答后，拉曼立刻开始了研究。经过 7 年不懈的研究，利用价值不到 7 美元的实验仪器，拉曼成功发现了以他的名字命名的光的散射，即拉曼散射或拉曼效应。

拉曼效应具体描述如下：一束单色光入射到物质上，入射光的光子与物质的分子发生碰撞，产生能量交换，导致入射光频率发生改变。具体来说，光照到某种物质上，一部分光被吸收，其余光因物质分布不均匀而偏离原来的传播方向，成为散射光，一部分保持频率不变，为瑞利散射，另一部分散射光与入射光在频率上相差一个固定的数量，为拉曼散射，如图 1.3 所示。

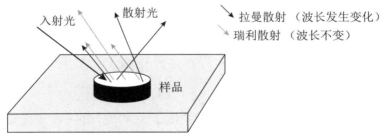

图 1.3　拉曼散射与瑞利散射

科学问题是科学研究的核心，科学研究的过程就是提出科学问题并解答科学问题的过程。拉曼正是对"海水为什么是蓝色的"这个问题产生了浓厚的兴趣，并通过长达 7 年的观察、实验、比较、归纳和分析等，才最终发现了光散射时频率会变化这一以前未曾被认识的现象，从而创造了新的知识。

那么，到底什么是科学问题？人们为什么要提出某个科学问题？首先，科学问题针对的是现有科学理论无法解释的异常现象或受限于人类思维和智慧水平而无法弄清楚的客观事实；其次，具有一定背景知识和思维能力的人对异常现象和客观事实利用现有科学理论和知识进行了研究，却未找到答案或者找到的答案是错的；最后，科学问题是独立的人的问题，但它不仅仅是提出者的问题，还是整个科学知识体系和科学实践有待解决的问题，是一定历史时代的产物。总之，**科学问题是一定时期内特定知识背景下，具有一定联想思维能力、背景知识、渴望求知的人们，对已知理论无法解释的异常现象和客观事实，通过主动性思维、分析、归纳、总结后提出的需要解决而未解决的问题。**

上述科学问题的定义反映了科学问题的诸多特点。科学问题是在一定时期、特定背景下提出的。比如，三峡大坝未修建完毕之前，研究三峡大坝对生态环境的影响机理是科学问题，而在三峡大坝修建完成后，上述问题就不是科学问题了。科学问题的提出者往往是科学工作者，他们有联想思维能力、专业知识，对未知的自然现象和客观规律孜孜以求。科学问题需要提炼，才能提出。所谓提炼就是思考、分析、归纳和总结等。科学问题是未知的。

下面给出一些科学问题的例子。

- 冠状病毒跨种传播的生态学机制是什么？
- 引力波将如何揭示宇宙奥秘？
- 地球物质是如何演化与循环的？
- 第五代核能系统会是什么样子？

- 特种能场辅助制造的科学原理是什么？
- 数字交通基础设施如何推动自动驾驶与车路协同发展？
- 调节人体免疫功能的中医药机制是什么？
- 植物无融合生殖的生物学基础是什么？
- 如何优化变化环境下我国水资源承载力，实现健康的区域水平衡状态？
- 如何建立虚拟孪生理论和技术基础并开展示范应用？
- 肠道菌群如何通过免疫系统调节体温与产热？
- 高密度空中交通流演化机理和拥堵传播特性

从上述例子可以看出，科学问题主要关注特性、机理、机制、原理、理论、基础，是"是什么""做什么"等形式的问题。

科学问题包含问项和答域两部分。问项就是提问的内容，比如，交通流演化机理。而答域就是对求解范围的限定。答域包括全域、类域和特域。全域就是对求解范围不做限制，比如"疟疾由什么引起"这个问题肯定了疟疾病因的存在，但未指定范围，这样的科学问题用处不大。类域就是对求解范围有一定程度的限定，比如，"清除污水为何能减少疟疾的发生"。此类问题往往代表了科学研究的最前沿，上述科学问题的例子的答域大都是类域。当科学问题的答域限定为某个具体的答案时，对应的答域为特域，比如，"肠道菌群如何通过免疫系统调节体温与产热"，该问题的答域就是特域。

科学问题是科学研究的起点和重要环节。按照中国科学院植物研究所蒋高明研究员的理解，科学问题来自如下几个方面：

（1）科学问题来自好奇心。神秘的自然现象是科学问题的直接来源，正是对神秘自然现象拥有无穷的好奇心和进取心，一个个自然之谜才得到破解。理工科生要保留一份好奇心，方能提出新奇独特的科学问题。

（2）科学问题来自实践，来自生活。理工科研究不能完全从文献到文献，纸上谈科学问题，应从生产、运输、能源、环境、健康等实际过程和国家重大需求中提炼科学问题。

（3）科学问题来自怀疑精神。拉曼正是怀疑瑞利的解释，才有了新的发现。理工科生要具有怀疑精神，不迷信权威、不固守成规，面对疑点，要紧抓不放，穷究下去，直到搞清原理，探明结果。

（4）科学问题来自知识积累。没有扎实的学科基础和理论知识，没有充分的文献阅读，很难提出有价值的科学问题。

（5）科学问题来自知识交流。经常参加学术交流，开阔视野，启迪智慧，更容易有豁然开朗的感觉。

## 1.2.2　技术问题

在工业革命之前的几千年里，技术演进缓慢，人类的生产和生活方式没有明显的改变。比如，生活在明朝的人自打在娘胎时，其一生从事的职业和生活半径就定了，与父母无异，和祖父母一样，而且明朝的职业与一千多年前的汉朝差别也不大。而从工业革命到现在，仅仅三百多年，旧技术不断被淘汰，新技术层出不穷，导致人类的生产和生活经历了巨大的改变，无数职业湮没在历史中，而新职业不断涌现，老的技术问题（如生产效率低下）得到了解决，新的技术问题，包括因新技术衍生而来的技术问题（如人脸识别技术广泛应用后的个人信息泄露问题）持续出现，令人困扰。总之，人类像飞蛾扑火，孜孜不倦地解决一个个技术问题，又创造出一个个技术问题，不是在解决技术问题，就是在去解决技术问题的路上。

技术问题，顾名思义，就是技术领域遇到的具体问题，比如设计一款产品、优化一个算法、改进某个工艺、识别并排除故障等。技术问题很多，旧技术有问题，新技术也有问题。与科学问题不同，技术问题着眼于技术细节和实现方法，考虑技术可行性、性能要求和安全性等，其中，技术可行性涉及功能能否实现、性能要求能否得到满足、规定时间内能否解决问题等。

技术问题的例子如下：

- 如何开发新型免疫细胞在肿瘤治疗中的新途径与新技术？
- 水平起降组合动力运载器一体化设计为何成为空天技术新焦点？
- 如何实现农业重大入侵生物的前瞻性风险预警和实时控制？
- 信息化条件下国家关键基础设施如何防范重大电磁威胁？
- 硅光技术能否促成光电子和微电子的融合？
- 如何解决集成电路制造工艺中缺陷在线检测难题？
- 无人车如何实现在卫星不可用条件下的高精度智能导航？
- 如何在可再生能源规模化电解水制氢生产中实现"大规模""低能耗""高稳定性"三者的统一？
- 如何突破进藏高速公路智能建造及工程健康保障技术？
- 如何实现基于空地态势共享的协同交通自主运行？

从以上例子可以看出，技术问题的主要表达形式是"如何解决/实现/开发/突破×××"，即"怎么做"。解决技术问题是为了实现某种现实的目的和功能，比如高精度智能导航、风险预警和实时控制、缺陷在线监测、重大风险防范等。和科学问题一样，技术问题也需要提炼，也需要限定特定的条件、目的、要求等，特定条件如"卫星不可用条件下"，特定目的包括"防范重大电磁威胁"，特定要求如"实现'大规模''低能耗''高稳定性'三者的统一"。

## 1.2.3　科学问题与技术问题的区别

当一个人忍饥挨饿时，大概率是不关心四季为何变迁、地震是怎么回事等科学问题的，而对各种有助于吃饱饭的技术问题（如荒地开垦）会兴趣浓厚，而在衣食无忧时，如当今的中国，科学成为一个行业，技术更是人们眼中的香饽饽。当饥饿已成为遥远的回忆，研究者的好奇心和怀疑精神才能自由发挥。科学问题和技术问题不是在被提出的路上，就是在被解决的途中，那么这两类问题有何区别？

技术问题是人类在生产和生活中遇到的困难和障碍。解决了技术问题，就剔除了技术障碍，能让经济能好起来，钱包能鼓起来。科学问题是未知世界的奇异现象和事实激发了人的好奇心，从而在脑海中冒出来的问题。需要发现的新现象、新物质、新原理是科学问题，而怎样去发现是技术问题。两者往往不能分开，却是两个不同的概念。科学问题涉及认识和发现，技术问题面向应用；科学问题回答"做什么"，技术问题回答"怎么做"。比如，发现一个新基因是科学问题，怎么去发现则是一个技术问题；研究一个基因的功能和机理是科学问题，怎样去研究就是技术问题；研究一个化合物或药物的作用机理、发现其作用靶点是科学问题，怎么去研究和发现则是技术问题。

经由科学问题的解答可获得新原理、新现象、新理论，而解决技术问题的过程是利用科学原理提出可行技术路线的过程。以利用万有引力定律制造火箭为例，它需要解决一系列技术问题，比如，火箭发动机如何设计以实现极端条件下的稳定运行。当然，技术路线也可在经验指导下产生，比如，曹冲利用船称象时，应该不知道阿基米德浮力定律，但不妨碍聪明的他找到解决办法。其实，人类在技术发展的很长一段时间内，技术问题的解决主要靠经验，工业革命以后，科学原理和科学研究才成为技术问题解决的重要因素，甚至是决定性因素。

在解决科学问题之前，无人知道问题的答案，而在我国攻克某个技术难题之前，其他国家可能已经找到解决办法，只是我国还不拥有相关的技术方案而已；对科学问题的探索是人类认清未知的世界、发现客观规律、解释异常现象的主要抓手，而所有技术问题都面向应用，服务于功能和性能的增强、效率的提升、成本的降低等。如何提出科学问题，非常重要，甚至比解决科学问题更重要；而对技术问题来说，运用科学理论和方法找到可行的技术路线才是关键。

科学问题与技术问题尽管差异较大，却都是理工科研究的对象。只有先选择和确定要研究的对象，才能开展理工科研究。

# 1.3　理工科研究的过程 »

理工科研究往往以获得公开发表的论文或者专利局批准的专利等研究成果为目的，从选题开始，历经选题，解决所选择的研究问题（包括设计与验证研究思路），进行论文、专利文献或软件著作权申请等文档准备，研究文档的审稿、审查和登记。当评审顺利通过，论文公开发表、专利获批、著作权登记，才能得到理工科生孜孜以求的研究成果。图 1.4 描述了理工科研究的具体过程。

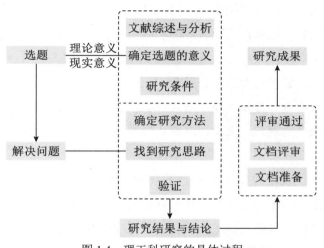

图 1.4　理工科研究的具体过程

## 1.3.1　选题

理工科生面对研究领域的科学问题或技术问题，首先要明确要研究哪个或哪些问题，即**选题**。选题是理工科研究的重要一步。选题恰当合适，既能充分调动理工科生的科研激情，又具有较强的挑战性和研究价值；选题不当，过难或者过于简单，容易事倍功半或者做无用功，同时不利于发挥理工科生的主动性，不利于促使理工科生积极努力。

选题有意义，是理工科期刊论文和学位论文的审稿人和读者关注的关键因素，是理工科生的研究工作有意义和价值的前提。选题意义包括理论意义和现实意义。理论意义指研究工作能补充或创新现有理论，而现实意义指研究工作对现实生产或生活等有促进或改善作用。比如，混合励磁同步电机控制策略的研究将促进电机控制理论的发展，具有理论意义，而混合励磁同步电机控制系统设计与开发研究为该电机在工业领域的实际应用打下基础，具有较强的现实价值。

那么，怎样让选题有意义？

首先，进行文献综述和研究现状分析。针对选定的问题，通过收集和阅读所有相关文献，掌握研究现状，详细分析当前研究的问题与不足。

其次，确定每个问题研究的理论意义或现实意义。比如，从实际铸造过程中提炼出具有批处理机阶段的生产调度问题，对该问题进行建模和智能优化。由于问题来自实际生产过程，问题的优化结果具有应用于实际生产过程的较大可能，选题现实价值较大；由于问题的子问题和目标众多，复杂性高，求解难度大，理论意义较大。

再次，选题应具有足够的创新性，即问题应是全新或者具有不同程度的新颖性的问题。重复前人工作、创新性不足甚至毫无创新的选题毫无意义。选题的创新性包括研究的问题和相关研究内容是前人未曾研究的，需要开辟新的研究领域或新的技术方法等，或者虽已存在相关研究，但不够深入，需要补充、发展、解决新问题，提出新方法等。

最后，理工科生应选择与自己能力匹配、导师实验条件满足要求、可控性较强、能进行创新性工作的问题开展研究。对于超出理工科生能力范围，导师实验条件无法满足，或者过于空泛、陈旧的问题，由于难以做出创造性研究结果，理工科生应尽量不碰。不可控因素太多的问题也不行，比如，实验用的相关数据无法获取时，就得忍痛割爱。此外，应避免一味赶时髦选择一些热门的问题或主题，或者对一些冷门的问题避而远之，而应对所选的问题进行仔细认证。

选题的来源主要有两个：

（1）科技前沿。不断学习，追踪科技前沿。在科学和技术发展过程中，其前沿就像待开垦的处女地，正是研究者驰骋的广阔天地。

（2）生产实践。要研究真的科学问题和技术问题，就应该从生产和社会实践中发现和提炼问题。实际上，生产实践如工业过程的控制、优化、制造广泛存在各种复杂的科学问题和技术问题，理工科生应积极参与企业调研、社会调查，力争自己的选题符合实际需要，让相应的研究成果具有较高应用价值，甚至能直接用于生产实践。

选题的具体办法有如下几种：以发现新问题或研究不够深入的问题为目标的选题；通过深入调查、研究、分析，发现未引起研究者重视的问题，或虽已有一些研究，但不够深入和系统的问题；对已研究问题从不同的侧面、以不同的方法等分析的选题，即采用新方法、新视角研究老问题；对热点选题，应该在新研究领域的研究早期，及时捕捉相关信息、预见未来、抢抓先机、超前选题，这种超前选题一旦成功，相关研究成果将具有较大的影响力。

## 1.3.2　解决问题

选定研究的问题，接下来就要全力解决问题。下面介绍解决问题的基本过程。

首先，掌握并使用本研究领域的常用研究方法。

"授人以渔，终身受用无穷"，"渔"就是方法。研究方法科学、可行，才不至于误入歧途，白费功夫，才能顺利解决研究问题。

研究方法有很多，获取科学事实的方法有观察和实验。拉曼和他的助手在做光的散射研究时，观察到散射光中包含"绿荧光"，随后对"绿荧光"做了一系列实验，最终发现了拉曼效应。理工科研究是创新性活动，需要理工科生掌握一些创新思维的方法，比如，归纳和演绎，归纳是从大量数据或事实概括出一般性原理、知识、结论的思维方法，演绎则过程相反，从一般性原理推出个别性的结论。

数学方法也是常见的研究方法，它是科学抽象的思维方法，它用数学语言描述研究对象的状态、关系、过程，进行逻辑推理、运算、演算和分析等，形成对研究对象的解释和预测。数学方法也是很多科学家看重的方法。爱因斯坦认为，科学家必须在庞杂的经验事实中抓住某些可用精确公式表示的普遍特征。

科学史上著名的数学公式有：

爱因斯坦质能方程　$E=mc^2$

式中，$E$ 为能力，$m$ 为质量，$c$ 为光速。

薛定谔方程　$-\dfrac{\bar{h}^2}{2\mu}\dfrac{\partial^2 \psi(x,t)}{\partial x^2}+U(x,t)\psi(x,t)=i\bar{h}\dfrac{\partial \psi(x,t)}{\partial t}$

式中，$\psi(x,t)$ 为波函数，$U(x,t)$ 为势函数。

前者是质量与能量相互转换的公式，后者是量子力学的基本公式。

数学方法最大的优势在于能提供简洁精确的形式化语言、数量分析和计算的手段与技巧、可靠的逻辑推理和证明的工具。

数学模型是数学方法的一种。比如，控制策略与技术都建立在控制对象的数学模型（如传递函数、状态空间描述等）的基础上。建立数学模型时，需要做合理简化，对认为不重要的因素进行简化处理，但不能简化过多或者不合理，使得模型无法反映控制对象的实际特性，模型与实际对象脱节，这时利用模型设计控制器或确定控制量，将难以保证控制精度和性能方面的要求。

其次，分析问题的特点，结合问题特点，提出问题的解决方案或研究思路。

这是解决问题的关键步骤。以拉曼效应发现过程为例。拉曼用随身携带的尼科尔棱镜观察海水的颜色，惊愕地发现在消去大海表面反射的天空蓝光后，大海的颜色竟比天空的颜色蓝得多，直接否定了瑞利的解释。随后，拉曼和他的助手开始试验，发现光散射伴随着颜色变化，出现了不存在于入射光的绿色荧光。他们起初以为绿色荧光是进行光的散射试验所用液体的杂质所致，提纯液体后，荧光仍然存在；随后他们猜想荧光是散射物质的特有材质引起的，此猜想又被随后的实验否定，荧光与散射物质无关。1927 年康普顿效应被发现，这一效应让拉曼意识到，绿色荧光的出现可能是由于波长变化的非相干散射。在新的启发下，实验继续。1928 年 1 月拉曼发现，高度纯化的甘油散射的阳光颜色是明亮的蓝色，且纯甘油散射的颜色每次都与入射光不同。两个月后，利用价值 7 美元不到的实验仪器，拉曼发现，所有散射光的光谱都存在不同于入射光光谱的若干条锐线或光带，自此，拉曼效应被发现。整个过程中，猜想、验证不断循环，直到最终的拉曼效应问世。

当然，针对不同的研究问题，研究思路的提出方式也各异，理工科生可通过模仿、借鉴同一研究方向的文献，找到新思路的有效提出方法和技巧。比如，针对某个复杂的优化问题，设计一种具有新型优化策略和机理的算法对问题求解，可从如下几个方面思考新思路：

- 优化问题的特点，以及如何将特点融合在算法的求解过程中
- 算法的特点，以及基于算法特点提出改进策略
- 引入新机理、新机制等

针对问题的特点，可构造基于知识的搜索算子。以遗传算法为例，在搜索前期，出现早熟收敛，即很快收敛到局部最优解，到了搜索后期，其收敛速度变慢，可采用自适应参数、自适应搜索策略、多种群优化等方式改进算法。全新的机理和机制会显著改善搜索效率。例如，基于学习的优化算法，融合了学习算法和优化算法；或者在多种群算法基础上，探讨种群的评价，以及基于评价结果的算法参数、策略、结构的动态调整等。

最后，针对研究思路或解决方案，验证其合理性、有效性和优势等。

以实验验证为例，它包括实验方案设计、实验结果获取与整理、实验结果分析等。实验有仿真实验、模拟实验、实物实验、对比实验等。大多数情况下要将新方法和新策略与现有方法进行对比。比如，论文《飞行作业机器人动态抓取的非奇异终端滑模控制》中，进行了仿真实验、实验平台上的实验，并对比了论文的控

制策略与该论文所列文献 [12] 的方法。

　　以上研究过程中，创新思维是提出问题、选择问题、解决问题的关键因素。理工科生若不能合理运用创新思维方法，研究过程的效率和成果质量将变得低下，以至于毫无价值。理工科生要学会并掌握各种创新思维方法，尤其是逆向思维、发散思维、逻辑思维。

　　理工科研究在解决问题后，要准备研究文档，包括撰写论文、专利文档、软件著作权登记申请等，然后进行论文投稿、专利审查、软件登记等。当论文发表、专利获批、软件著作权登记完成，科研成果才算正式出炉，能登记在作者们的名下。

# 1.4　科研成果的种类 》

　　科研成果是科研人员从事科学研究而获得、通过同行专家评审或鉴定、具有学术意义和实用价值的创造性结果，是一种具有特殊意义的生产力，也是衡量科学研究任务完成与否、科研成果质量优劣、科研人员贡献大小的重要标志。

　　科研成果应符合以下三方面的条件：

　　（1）科研成果应具有创造性、先进性。创造性是指前人所没有或国内外所没有的，理论上有新的创见，或技术上有新的提高。先进性指成果在技术价值和技术水平上有所提升。

　　（2）科研成果既要有实用性，又要符合科学规律，具备实施条件，满足社会要求，经济价值高。

　　（3）科研成果必须经过技术鉴定或评审。鉴定或评审应实行同行专家评议。通过鉴定或评审的成果，才能算作科研成果。

科研成果包括学术论文、学术著作、专利、农业和生物新品种（如袁隆平院士的杂交水稻新品种深两优 841）、新技术、新工艺、新设备、计算机软件等。专利、生物新品种、计算机软件著作权等都属于知识产权，受法律保护，其中生物新品种包括植物新品种和动物新品种；软件著作权在中国版权保护中心登记。

下面描述两种常见的理工科科研成果。

## 1.4.1　论文

论文一词在古代汉语里，是谈论诗文，评论文人、文章的意思。唐朝诗人杜甫的《春日忆李白》中有诗句"何时一樽酒，重与细论文"，另一首诗《赠毕四》中有"同调嗟谁惜，论文笑自知"。南宋女诗人朱淑真有"把酒何时共，论文几日亲"（《和前韵见寄其二》）。

论文是科研结果的描述和记录，具体来讲，它是对某一学术课题在实验性、理论性或预测性方面新的科学研究成果或创新见解和知识的科学记录，是对某种已知原理应用于实际所取得的新进展的科学总结，是在学术会议上进行宣读、交流、讨论或在学术刊物上进行发表的媒介。

论文除了以上用途，还有一些其他用途。比如，在决定某项成果的首创者时，往往以发表的论文及其发表时间为依据。诺贝尔奖授予全世界最先取得相关成果的人，其证据往往就是发表的学术论文。1977 年，屠呦呦所在的中国中医研究院等几家单位以"青蒿素结构研究协作组"名义在《科学通报》第 22 卷第 3 期首次发表了有关青蒿素化学结构及相对构型的论文《一种新型的倍半萜内酯——青蒿素》，在当年我国没有专利和知识产权保护法规的情况下，抢在外国人前面发表了第一篇论文，成为证明青蒿素由中国人研究出来的有力证据。

对理工科生来说，论文既是毕业的条件，也是自己在本科、硕士、博士期间工作的记录和证明，是那段创造力最强、思维最活跃的青春岁月的美好见证；对高校教师来说，论文既是自己学术成绩的体现，是学术水平的量化支撑材料，也是升职加薪的硬性条件，甚至是教师提高生活质量的门道。在破除"唯论文"观念之前，大多数高校对发表论文有奖励，有的奖励高达几十万元。

学术论文种类繁多，比如基础研究论文、应用研究论文。基础研究论文侧重于新理论、新观点、新方法，以在期刊或学术会议交流为主；应用研究论文则侧重于解决技术问题，具有技术先进性、实用性等，可公开发表，也可保密。

常见的学术论文有如下几种：

- 学术期刊论文
- 学术会议论文
- 学位论文

学术期刊是发表学术论文的主要媒体。中文学术期刊根据检索库可分为科技核心期刊、中文核心期刊、中文社会科学引文索引期刊（即所谓 C 刊）等。英文学术期刊有科学引文索引（Science Citation Index，SCI）、工程索引（Engineering Index，EI）期刊，指分别被 SCI 和 EI 两个数据库检索的期刊。学术会议也是发表论文的重要途径，包括国内学术会议和国际学术会议。大多数会议会出版论文集，部分会议的论文最终会被推荐到相应期刊发表。

学术期刊论文包括期刊研究论文和综述论文，是发表在各种期刊如 SCI、EI 源期刊，中国核心期刊等上的关于科学研究成果的描述与记录。学术会议论文是为了在学术会议上宣读和交流而发表的论文。学位论文是为了拿到学位而写的论文，包括学士学位论文、硕士学位论文和博士学位论文。

学术论文的显著特点包括创造性和科学性。其中，创造性是科学研究的根本特点。学术论文是科学研究成果的记录，自然也具有创造性。创造性的两个基本要素是新奇独特、有价值。理工科生只有采用别出心裁的思路做前人未做的工作，且取得具有较高的理论价值或现实价值的成果，相应的科研成果才有创造性。科学发现、技术发明是典型的创造性成果。科学性指切实从客观实际出发，从中引出符合客观实际的结论。

学术论文是传播科研成果的重要载体和媒介，其数量、质量和国际影响力是衡量一个国家科研水平和实力的重要因素，其中国际影响力主要通过引用次数，尤其是其他研究者对论文的引用次数，即所谓他引次数来确定。比如论文 A 发表后，有论文 B、C、D、E、F 对其加以引用，则引用次数为 5。引用的具体标志是施引论文 B 的参考文献目录中有论文 A，在论文 B 中，可能存在对论文 A 的介绍与评价、在 A 基础上开展的后续工作等。比如，模糊数学创始人、美国加州大学伯克利分校教授扎德（L. A. Zadeh）发表的论文"Fuzzy sets"，如图 1.5 所示。该论文引用次数达到恐怖的118 636 次，多个研究领域如模糊控制、模糊决策分析等都建立在该论文的基础上，这就是原创性科研成果的魅力。而像本人这样的普通研究者，由于缺乏原创成果傍身，如图 1.6 所示，所有论文学术搜索次数也就几千次。而一些顶尖学者由于论文影响力大，学术搜索总次数至少 3 万次。

Fuzzy sets
LA Zadeh - Information and control, 1965 - Elsevier
… of a set A. (When there is a need to differentiate between such sets and fuzzy sets, the sets with two-valued characteristic functions will be referred to as ordinary sets or simply sets. ) …
☆ 儲存　99 引用　被引用 118636 次　相關文章　全部共 38 個版本　≫　[文献分析]

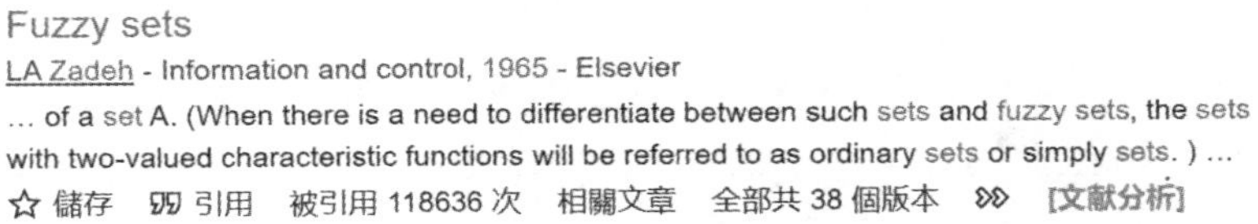

图 1.5　“Fuzzy sets”及其学术搜索引用次数

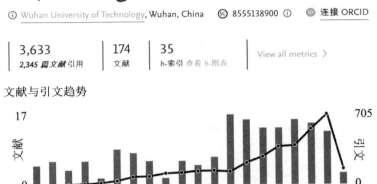

图 1.6　雷德明的 Scopus 引用情况

近几年，我国学术论文的数量、质量和国际影响力显著提升。2018 年，中国科学论文数量已位居全球第一。不过，中国科技期刊远不能满足国内科研工作者的论文发表需求，大部分学术论文不得不发表在国外科技期刊上。尽管美国和欧洲的研究论文影响力仍然全世界最强，但从期刊论文和学术论文引用次数来衡量，中国学术论文的影响力表现强劲，增长迅猛。

日本科学技术振兴机构（JST）利用爱思维尔出版集团的论文数据，对 3 年内平均引用次数进入前 10% 的论文进行分析，分析的领域共 151 个，包括生命科学（46 个）、工学、化学和材料（39

个）、计算机科学与数学（26 个）、物理、能源和环境（40 个），中国居首位的有工学、材料科学、计算机科学等，且领域数量逐年增加。20 年前居前五的只有两个领域；10 年前，急剧增加到 103 个；2017 年后，为 146 个领域。

理工科生应该正确对待学术论文。首先，学术论文是理工科生在项目研究或自由探索过程中的创新性见解或成果获得后，为了满足公开研究成果这一主要目的，以及顺利毕业这一次要目的而撰写的工作记录，只是该记录需要满足结构、表达规范，逻辑性强等诸多要求，并顺利通过评审。

其次，不能为了论文而论文。论文应该是创新性成果的完美呈现，不能研究工作还未做完、研究结果还不深入，就匆忙写论文，更不能采用捏造数据、重复使用图片等学术不端手段，制造无价值的论文。

最后，对有意从事研究的理工科生来说，发表足够数量的高质量论文，对走好今后的学术研究之路非常重要。比如，大多数理工科博士至少应发表 5 篇 SCI 期刊论文，博士学位论文才能内容丰富、成果突出，在找博士后岗位或到高校工作、申请国家基金等时，才有一定优势。理工科专业如自动化、计算机、人工智能等的硕士生如果能发表 SCI 期刊或顶会论文，对找到好工作也十分有利。

## 1.4.2 专利

论文公开发表后，其他人可使用。比如，利用论文的方法或技术研发新产品、新技术时，并不需要通过论文作者首肯，也不需要付费使用。专利则不同，一旦一项创造发明向国家审批机关如中国国家知识产权局提出专利申请，经依法审查合格后，专利申请人则被授予了在规定的时间内对此项创造发明的专有权，其他企业或个人使用专利的技术进行产品生产、研发时，须征得专利权人（即拥有专利权的人）同意，且支付一定费用，才能合法使用相应的专利技术。

## 1）专利基本概念

专利权具有独占的排他性，未经专利权人许可，任何人不能使用专利技术生产、销售、许诺销售相关产品。正是专利权的独占排他、专利技术需经过专利权人许可等原因，容易导致专利壁垒。专利壁垒指发达国家（如美国）、大企业（如苹果公司）利用其自身拥有的大量相关专利，对进入本国市场的外国产品或者对大企业造成威胁的其他企业产品以侵犯专利权为由，进行起诉并收取高昂的专利费，从而让产品无法进入本国或市场。美国对华为的打压就是专利壁垒的鲜活实例。

专利是无形资产，专利权可转让，从而让专利权人享受收益，也可以通过合作开发，采用技术入股方式获得收益。不过，一个国家授予的专利权只在这个国家内有效，对其他国家的企业或个人无约束力。

专利有 3 种类型：

- 发明专利
- 实用新型专利
- 外观设计专利

发明指对产品、方法或其改进所提出的新技术方案。发明专利并不要求它是通过实践证明可以直接应用于工业生产的技术成果，它可以是一项解决技术问题的方案或一种构思，具备在工业上应用的可能性，包括产品发明专利（如药品配方专利）、方法发明专利（如一种重质纯碱的生产方法）。发明专利有效的期限为 20 年，申请周期为 2 ～ 3 年。

实用新型指对产品的形状、构造或结合所提出的适于实用的新技术方案。授予实用新型专利不需通过实质审查，手续较为简单，费用较低。有关日用品、机械、电器等方面的有形产品的小发明，相对比较适于申请实用新型专利。实用新型有效的期限为 10 年，申请周期为 6 ～ 8 个月。

外观设计专利，顾名思义，是关于产品的形状、色彩、图案等方面的新设计。

1999 年"闪存盘之父"邓国顺和成晓华共同研究了世界上第一款闪存盘，取名优盘。两人及两人所在的深圳朗科公司申请了多项发明专利。图 1.7 给出了朗科公司的镇宅之宝"99 专利"，该专利申请日为 1999 年 11 月 14 日，有效期 20 年，从申请日开始算起。但应专利权人的请求，国家知识产权局会就发明专利在授权过程中的不合理延迟给予专利权期限补偿，一旦有效期过了，专利将失效，变成无效专利，其他人可自由使用无效专利的技术。

专利也是理工科生可以为之努力的成果，尤其是专业学位的硕士生和博士生，以应用研究、技术研究和技术开发为主，有必要获得一定数量的发明专利。有的高校明确规定，专业学位研究生获得专利和软件著作权等成果的学生人数占比要达到 50%。

**[发明授权]** 用于数据处理系统的快闪电子式外存储方法及其装置

**授权公告号:** CN1088218C      **授权公告日:** 2002.07.24

**申请号:** 991172256      **申请日:** 1999.11.14

**同一申请的已公布的文献号:**      **申请公布日:** 20010418

**专利权人:** 邓国顺;成晓华      **发明人:** 邓国顺;成晓华

**地址:** 415311湖南省石门县皂市镇鸡爪山村3组

**分类号:** G06F15/76 全部

**摘要:** 一种用于数据处理系统的快闪电子式外存储方法及其装置,包括直接控制电子存储介质存取和实现接口标准功能的固件,采用特殊的外存储读写格式,从USB通道取得电源,在固件和驱动程序与操作系统的配合下,利用快闪存储器1和存储控制电路2完成数据外存储,并有写保护,数据安全。本方法效率高,装置体积小容量大、存取速度快,无驱动器,可带电插拔,即插即用,无需关机,使用方便,适用于微小型数据处理系统。

图 1.7    U 盘专利

## 2）专利申请

根据《中华人民共和国专利法》第二十六条,申请发明或者实用新型专利的,应当提交请求书、说明书及其摘要和权利要求书等文件。

请求书应当写明发明或者实用新型的名称,发明人的姓名,申请人姓名或者名称、地址,以及其他事项。发明的名称应当简短、准确地表明发明的技术主题。发明名称中不应含有非技术词语,如人名、公司名称、商标、代号、型号等,也不应有含糊不清的词语,如"及其他""及其类似装置"等。此外,不能使用笼统的词语,如仅用"方法""化合物"等词作为发明的名称。发明人应当是对发明创造的实质性特点作出创造性贡献的人。发明人应当是个人,不应当是单位或者集体。发明人的姓名应当用真名。申请人可以是个人,也可以是单位。如果是委托专利代理机构办理的,应当填写专利代理机构的全称。专利代理人应当使用真实姓名,同时填写专利代理人在专利局登记的编码。

说明书是申请人对申请专利的发明或者实用新型所作的书面

说明，是专利申请的最基本的文件，是一项发明创造申请专利的基础。对发明或者实用新型作出清楚、完整的说明，是说明书的基本要求。所谓"清楚"，指主题明确、用词准确。主题明确，即说明书应当写明发明或者实用新型的目的，为达到该目的所采用的技术方案以及该技术方案所能达到的技术效果。用词准确，要求说明书应当使用技术用语，准确表达主题，用词不能含糊不清，所使用的法定计量单位应当符合规范。所谓"完整"，是指说明书不得缺少专利法实施细则第二十条所规定的内容，如专利的名称与请求书中的名称一致，这些内容是理解、再现发明或者实用新型所必不可少的内容。缺少其中任何一部分内容，都是不完整的说明书。

摘要应当简要说明发明或者实用新型的技术要点。说明书摘要是发明或者实用新型说明书的内容提要。它仅仅用来检索发明或实用新型的内容，不具有任何法律效力，不属于原始公开的内容，不能作为以后修改说明书和权利要求书的根据，也不能用来解释专利权的保护范围。技术要点主要包括发明或者实用新型的技术领域、需要解决的技术问题、主要技术特征和用途。在必要的时候，摘要还应当附上一幅最能说明发明或者实用新型的附图。摘要应当简要。

权利要求书是关于申请人要求专利保护范围的文件。权利要求书应当以说明书为依据，清楚、简要地限定要求专利保护的范围。权利要求书中可以包括一项或多项权利要求。权利要求的类型按保护对象区分，可以分为产品权利要求和方法权利要求；按撰写方式区分，可以分为独立权利要求和从属权利要求。

产品权利要求保护的对象包括物质、物品、设备、机器、系统等，通常应当用产品的结构特征来描述；方法权利要求保护的对象包括制造方法、使用方法、已知产品的新用途、将产品用于特定用途的方法等，通常应当用工艺过程、操作条件、步骤流程等技术特征来描述。发明专利的权利要求书可以包含产品权利要求，也可以包含方法权利要求，比如，如图 1.7 所示的 U 盘专利就包含两种权利要求；但实用新型专利的权利要求书只能包含产品权利要求，不能包含方法权利要求。

权利要求书应以说明书为依据，权利要求应当得到说明书的支持，即权利要求从形式到内容都应与说明书所反映的内容一致，权利要求书中的用语在说明书中应有所反映，权利要求书中记载的技术特征在说明书中有记载，且实质内容应当一致，不能超出说明书的范围。

由于权利要求书是专利申请文件的核心，具有直接的法律效力，在被授予专利之后，是判断专利侵权的依据，也是提出专利权撤销和专利权无效宣告的依据，因此，认真撰写权利要求书中的专利保护范围，对于申请人来讲，显得尤为重要。申请人应将发明或实用新型的全部技术特征完整地记载在权利要求书中，不能过宽，也不能过窄。

整个审批过程包括受理、初步审查、实质审查（仅发明）、授权及获得专利证书 5 个环节。国家知识产权局网站给出了如图 1.8 所示的专利审批过程。

得到授权的发明专利会遭到侵权人的非法使用，使得专利权人蒙受损失、丧失技术优势，加上侵权人的侵权事实举证困难，有必要加强对技术发明人的专利保护，比如，不能一个发明申请一个专利，应该一个发明申请一组专利：发明专利、实用新型、外观设计、配送、设备、工艺，像布"地雷阵"那样，让侵权人无从下手，从而保护核心技术。

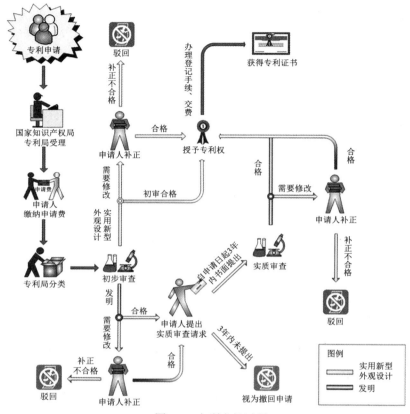

图 1.8　专利审批过程

　　高校老师和理工科生申请专利时的一些做法不太合适，尤其是将专利申请文件当作论文来写。比如，非常重视摘要。学术论文的摘要的确非常重要，但专利说明书的摘要并不是法律性文本，不会对专利的保护范围产生实质性影响，而且摘要有 300 字的字数限制。写摘要时，只需将专利名称、技术领域、技术问题、主要技术特征和效果等写清楚即可。此外，同样的内容，应先写专利，等专利获批后再去发表论文，至少保证论文发表时，专利已通过审查。

由于发明专利需要 2 ～ 3 年的申请审查期，而大多数论文在 2 ～ 3 年内会被录用或发表，若为了毕业或升职而先发表论文后写专利，在专利审查时论文已公开发表，专利就不会得到授权。

## 1.5　如何做出有价值的科研成果 》

科研成果的价值包括理论价值、应用价值、技术价值等。比如，美国物理学家理查德·费曼由带有康奈尔大学校徽的盘子的旋转启发而发现了量子电动力学，即带电粒子相互作用的量子理论，它是"物理学的瑰宝"，是全新的理论成果，其理论价值显而易见。美国密歇根大学已故教授约翰·霍兰德（John Holland）提出了遗传算法这一适合于大规模复杂优化的问题的全新算法，该算法采用区别于传统优化方法如梯度下降法的全新理论，广泛应用于理工科各个领域的优化、控制、决策、规划、调度等，在社会科学领域也有成功的应用，具有极高的应用价值。而互联网技术、华为公司的5G 技术彻底改变了人类的通信、生活、生产，影响了全世界各个行业，导致其他行业不得不主动拥抱这些技术。

有的科研成果最开始是理论成果，后来具备应用的可能，最后真正落地，成为生活和生产某个领域的技术。比如，模糊数学是理论性的，模糊控制有了应用的可能和基础，在洗衣机和汽车等产品的制造过程中，模糊控制技术得到广泛应用。

有价值的科研成果，一定具有较高的创新性，甚至是首次做出的研究成果。科学史上那些如雷贯耳的科学家都因做出原创性科研成果而名留青史。比如，爱因斯坦的广义相对论、薛定谔的量子力学、杨振宁的宇称不守恒定律等。理工科生年龄多为 20～30 岁，正是精力正旺盛、创造力正强的时期，完全有可能像 DNA 双螺旋结构提出者詹姆斯·沃森、爱因斯坦和日本诺贝尔奖获得者田中耕一那样，在二十多岁的年纪，创造出具有高创造性的科研成果。在我国，理工科生，尤其是有意在科研方面做出成绩的理工科生应该激发自己的创新热情、扎实掌握创新方法与技巧、培育敢于冒险和挑战的勇气和能力、做有难度且有价值的研究，不能为了毕业选择一些容易完成的、热门的科学问题或技术问题。

有价值的科研成果要"顶天立地"。"顶天"指要做国际前沿的研究，甚至原创性研究，实现从 0 到 1 的突破，或者攻克核心关键技术，在某一研究领域拥有国际话语权；而"立地"指要解决国家的科学和技术问题，满足国家的需求，为国家、企业和个人做出实实在在的贡献。很多科研大咖的科研成果既"顶天"也"立地"，既在科学和技术方面的国际学术舞台占有一席之地，又能实实在在解决企业和人民的生产和生活中的难题。比如，中国工程院院士宋宝安既在农药学领域有突破性研究，又自主研发了十余种环境友好型农药新产品。武汉理工大学教授、中国工程院院士姜德生面对国外公司对光栅核心器件的漫天要价，带领团队经过三年技术攻关做出了工艺更先进的同类产品，让我国彻底不惧国外公司的技术要挟。

虽然理工科生对"顶天立地"这样宏大的要求并没有太多清晰的认知，而且从事什么研究也多半由导师说了算。但是，理工科生仍然可在"顶天立地"方面有所作为。首先，源浚者流长，根深者叶茂。理工科生应积极拓宽视野，增长见识，打下坚实学术根基，铸就一流学术品位，未来应对各种变化才有学养底气。其次，无论是做科学探索，还是进行技术研究，理工科生应立足最前沿，瞄准世界一流，以高标准严要求激励自己，同时坚持实事求是、理论联系实际的准则，将国家战略、社会需求与自己的研究紧密联系起来，解决重大实际问题，把论文写在祖国大地上。最后，要做到不受纷扰诱惑、不被挫折打倒，有咬定青山不放松、千磨万击还坚劲的刚性和韧性。科学研究总是与失败同行，研究成果价值越高，经历的失败往往越多，理工科生只有经受住打击，千锤百炼，方能打磨出具有更高价值的科研成果。

　　除了以上三点，还要耐得住寂寞，有勇气坐几年甚至几十年的冷板凳，只为解决日思夜想而不得的科研难题。2013 年，时年 58 岁的华裔数学家张益唐在孪生素数猜想这一数论重大难题上取得重要突破，从而一鸣惊人、名扬天下。这位数学家在成名之前，由于专注于孪生素数猜想的研究，曾生活无着落，后来当了十余年的大学讲师，一共发表论文 3 篇，但他始终坚持做别人没有做、不敢做的研究，持之以恒地做了十几年。继 2013 年的重大突破后，2022 年张益唐又在与黎曼猜想相关的另一重大难题的研究上取得重大突破。田中耕一的经历更奇特，他因为偶然的发现而获得诺贝尔奖，为此，他深感不安，用 15 年时间创造出了配得上诺贝尔奖的成果：能提前 30 年，从几滴血中检测出阿尔茨海默病的征兆。

　　有价值的科研成果往往是全新的理论、更有优势的方法、更加先进的技术。做出有价值的科研成果，没有捷径可走，只能花费足够多的时间，耗费无数脑细胞，靠想象力、信心和恒心支撑，本着"舍得一身剐、敢把难题破解了"的决心，方能实现自己的科研梦。华侨大学博士生林克斌在 *Nature* 发表论文，实现该校 *Nature* 论文零的突破。作为一位普通高校的博士生，林克斌历经两年的反复实验，研究进展缓慢，但他坚持不放弃，最终取得了重大突破。

# 1.6 别让学术不端毁掉学术生涯 》

学术不端行为是科技界的毒瘤，主要包括：

- 剽窃
- 伪造
- 篡改
- 不当署名
- 一稿多投
- 重复发表

其中，剽窃指采用不正当手段，窃取他人观点、数据、图像、研究方法、文字表达等并以自己名义发表的行为。伪造指编造或虚构数据、事实的行为。篡改为故意修改数据和事实使其失去真实性的行为。不当署名是指论文作者的署名、排名不符合其对论文的实际贡献，或者虚假标注论文作者信息。一稿多投是将一篇论文或者只有微小差别的多篇论文投到两个及以上的期刊。在未说明的情况下，重复发表已经发表的文献，属重复发表行为。

## 1.6.1 剽窃

根据《学术出版规范 —— 期刊学术不端行为界定（ CY/ T 174—2019)》，剽窃包括：

- 观点剽窃
- 数据剽窃
- 图片和音视频剽窃

- 研究（实验）方法剽窃

- 文字表述剽窃

- 整体剽窃

- 他人未发表成果剽窃

前 5 种剽窃都指不加引注或说明就使用他人的观点、数据、图片和音视频、研究（实验）方法、文字表述，并以自己的名义发表。整体剽窃指直接使用他人已发表的大部分或所有内容，或在他人论文基础上增加部分内容后以自己的名义发表，而他人未发表成果剽窃指未经许可使用他人未发表的观点、具有独创性的研究（实验）方法、数据、图片等，或获得许可但却不加引注，或者不以致谢等形式加以说明。

2023 年，江西农业大学 2010 级思想政治教育专业硕士研究生翟某一篇 10 年前的毕业论文被翻出来，该论文的标题、框架、摘要，甚至连致谢都跟原作一模一样，其抄袭程度之高、抄袭范围之大令人咋舌。经查实，该论文存在"剽窃他人作品和学术成果"的作假行为，江西农业大学决定撤销翟某硕士学位，注销其硕士学位证书。

更让人咋舌的论文剽窃是北京大学化学与化工学院某个研究生干的。这名研究生利用他高超的黑客技术从同门师妹的电脑里盗取论文，然后，未经过武汉大学化学院的 3 名研究生的许可，自行决定让武汉大学的 3 名研究生当了"作者"，论文居然被 *European Journal of Inorganic Chemistry* 录用并发表。这名北京大学研究生的目的很简单，就是想让与之有矛盾的师妹的这篇论文作废，结果是自己遭到学校的严厉处罚，师妹的论文正常发表。

有些审稿人的惯常做法是，将其评审的论文拒稿后，对论文稍加修改，投稿发表，并未经同意使用他人署名。多名高校教师将其偷来的论文列入其国家自然科学基金项目结题报告中，最后不端行为曝光。由于涉及抄袭、未经同意使用他人署名、提供虚假信息，被取消申请国家自然科学基金资格 5 年。其中未经同意使用他人署名属不当署名。

## 1.6.2　伪造

伪造行为具体包括：

- 编造不以实际调查或实验取得的数据、图片等
- 伪造无法通过重复实验而再次取得的样品等
- 编造不符合实际或无法重复验证的研究方法、结论等
- 编造能为论文提供支撑的资料、注释、参考文献
- 编造论文中相关研究的资助来源
- 编造审稿人信息、审稿意见

因编造审稿人信息和审稿意见等原因，大量论文被期刊撤回。2017 年，施普林格·自然出版集团发表声明，撤销《肿瘤生物学》（*Tumor Biology*）期刊所刊登的于 2012—2016 年发表的 107 篇论文。此次被撤稿论文的作者全部来自中国，撤稿原因为论文作者编造审稿人和同行评审意见。经过调查发现，存在第三方机构帮助这些论文作者造假。第三方机构投稿时推荐的评审人，有些姓名、职务和工作单位是真的，而联系所用的邮箱全由第三方机构注册。

伪造行为玩出了新花样：伪造并不存在的国外作者，甚至是通讯作者。比如，知名学术打假网站撤稿观察（Retraction Watch）发现，三篇发表在不同期刊的论文都有一个共同的不存在的通讯作

者，这三篇论文的第一作者为中国作者，通讯作者为丹麦罗斯基勒大学数学研究所的 Beatriz Ychussie，可该单位查无此人。2023 年江南大学某离职教师虚构了一个作者——新加坡南洋理工大学的 Toshiyuki Bangi。

由于修图工具和软件在科研中的广泛应用，图片造假行为层出不穷，其中生物医学领域是图片造假的重灾区，甚至弄出了图片诚信问题。国内外研究者，上到诺贝尔奖获得者，下到普通研究生，无一幸免。2019 年诺贝尔生理学或医学奖获得者格列格·赛门扎因为图片 / 数据复制、图片拼接等问题，被《美国国家科学院院刊》撤稿论文 4 篇。斯坦福大学前校长、阿尔茨海默病研究专家马克·泰西尔 – 拉维尼因篡改论文数据和图片重复使用等学术不端指控被迫提前从校长岗位上下来。

## 1.6.3　不当署名

不当署名的具体表现形式包括：
- 将对论文所涉及的研究有实质性贡献的人排除在作者名单外
- 未对论文所涉及的研究有实质性贡献的人在论文中署名
- 未经他人同意擅自将其列入作者名单
- 作者排序与其对论文的实际贡献不符
- 提供虚假的作者职称、单位、学历、研究经历等信息

不当署名也时常发生，比如，一位学者在一年内以主要作者或者通讯作者身份发表几十篇甚至上百篇论文，应该有理由怀疑他是否对这些论文有与署名相应的足够贡献。署名还涉及科研激励和奖

励，大多数高校的奖励和激励机制只认第一单位、第一作者和通讯作者，其他合作者的贡献往往被忽略，应通过推行合作作者贡献声明，对合作作者的贡献进行准确且详细的描述，比如概念建构、数据分析、撰写初稿、修改定稿等。

## 1.6.4　篡改

篡改的表现形式包括：

- 使用经过擅自修改、挑选、删减、增加的原始调查记录、实验数据等，使原始调查记录、实验数据等的本意发生改变

- 拼接不同图片从而构造不真实的图片

- 从图片整体中去除一部分或添加一些虚构的部分，使对图片的解释发生改变

- 增强、模糊、移动图片的特定部分，使对图片的解释发生改变

- 改变所引用文献的本意，使其对己有利

学术不端者往往同时采取篡改和伪造的方式搞论文。约阿希姆·博尔特（Joachim Boldt）是享誉全球的重症监护专家，却创造了医学界的造假记录。超过 90 篇羟乙基淀粉的临床研究完全是闭门造车的产物。到 2023 年 6 月 20 日，Joachim Boldt 被撤稿的论文已超过 185 篇，撤稿数量超过日本学者 Yoshitaka Fujii（撤稿数量183 篇）之后，全球撤稿数量排第一位。有期刊专门刊登了一篇有关 Boldt 的文章，题目为"Boldt: the great pretender"即"Boldt：大造假者"。据推动调查 Joachim Boldt 学术不端事件的贾斯图斯·利

比希大学医学院 2018 年报告，Joachim Boldt 在 1982 年至 1996 年于该校工作期间，从他帮助指导的几位学生那里搜集数据，在学生们不知情的情况下发布了篡改后的结果。

## 1.6.5　一稿多投

一稿多投也是学术不端的重灾区，一稿多投具有如下几种形式：

- 将同一篇论文同时投给多个期刊
- 在首次投稿的约定回复期内，将论文再次投给其他期刊
- 在未接到期刊确认撤稿的正式通知前，将论文投给其他期刊
- 将只有微小差别的多篇论文，同时投给多个期刊
- 在收到首次投稿期刊回复之前或在约定期内，对论文进行稍微修改后，投给其他期刊
- 在不做任何说明的情况下，将自己（或自己作为作者之一）已经发表的论文，原封不动或做些微修改后再次投稿。

上述一稿多投最后一种形式与另一种学术不端，即重复发表类似。重复发表指在未说明的情况下重复发表自己或自己作为作者之一的已发表文献中内容的行为。2011 年河南某大学副教授 3 年发了 273 篇论文。据调查，从 2006 年至 2011 年，该副教授署名的论文一共有 300 余篇，同一篇论文在不同期刊发表的现象至少出现了 18 次。

学术诚信是科研的基石，是科研工作者包括理工科生的必备操守，一旦某个研究领域的学术不端行为持续爆发，甚至领域顶级专

家都是大造假者，将让同领域研究者和大众严重怀疑该领域新的研究成果。比如，荷兰著名社会心理学家斯塔佩尔数据造假，他的那些著名的心理发现都是假的，共有 58 篇论文被撤回，此人居然还大大方方出书讲述自己造假的心路历程，赚到不菲的稿酬，其无耻行径令人咋舌。

对于涉嫌学术不端行为的高校学生，经调查核实，学术不端行为成立，根据《高等学校预防与处理学术不端行为办法》《普通高等学校学生管理规定》，以及高校自己的规定，可对学生实施如下处罚：

- 记过处分。学校可以根据学术不端行为的严重程度，对有关人员给予记过处分
- 撤销学位。对于极其严重的学术不端行为，学校可以依照有关规定，撤销其获得的学位
- 取消学籍。学校可以依照有关规定，对发生学术不端行为的学生，取消其学籍
- 行政处罚。学校可以依照有关规定，对发生学术不端行为的学生，予以行政处罚，包括罚款、警告等

理工科生应远离学术不端行为，不能有任何侥幸心理，应充分认识到，学术不端只是让你暂时过关，甚至都无法暂时过关，而学术不诚信的大帽子将永远扣在你的头上，成为终身都洗刷不掉的耻辱，学术生涯也自然终结。因此，学术诚信是红线、底线、高压线，每个理工科生都应牢记于心。唯有对学术诚信"情比金坚"，理工科生沿着理工科的科研路径才能走得远。

第 2 章

# 理工科的科研
# 路径

自进入导师实验室的那天，理工科生一生之中的科研时光就此开启，每天早出晚归，甚至熬夜到天明，忙忙碌碌。最初的实验室日子多半是兴奋且迷茫的。兴奋的是终于见识了活生生的科研，迷茫的是自己的科研之路该如何走，对自己专业的科研路径，虽然有所耳闻，毕竟只是道听途说，未曾亲身经历。在实验室待的时间长了，聆听导师、师兄师姐的教诲、指导多了，方能认识科研的特点，懂得如何提出问题并解决问题。

理工科研究是创造性活动，需要创造思维这一锋利的武器，在科研规律指导下，披荆斩棘，从一团乱麻、毫无头绪、停滞局面中蹚出一条蜿蜒曲折的路径，找到破解未解之谜的钥匙，冲破重重技术关卡，最终明确所研究科学问题或技术问题的研究思路，并通过理论、实验或试验验证其合理性、有效性、优势、劣势等。因此，创造性思维与技法是理工科研究的基础和手段，提炼研究问题是理工科研究的第一步，设计研究思路是关键，而验证必不可少。

## 2.1 掌握创造技法 》

创造思维对大多数理工科生来说，是陌生而神秘的，在从事科研工作之前，很少接触和了解。尽管全社会鼓励创新并努力营造创新的氛围，但大多数人对创造思维的内容、形式、过程、特征等并不了解，理工科生在长期的课程学习中，也很少运用创造思维和创造技法。在完全不懂创造技法的情况下进行科研创新，势必会遇到思考不得法、思维障碍大、需要长时间摸索的情况，从而造成科研效率低下，因此，懂一些创造性思维和创造性技法特别重要。

## 2.1.1　创造思维基本概念

1896 年，法国物理学家亨利·贝克勒尔发现了晶体射线，但没有对其进行进一步研究。居里夫人产生了测量射线力量强度的想法，在接连受挫之后，她并没有放弃实验，而是换了一种分析问题的思维：矿物中的杂质会增强放射量。她得到一个推论：将矿物的杂质混合就能够增加物体的放射量。为了证明这个推论，居里夫人把各种元素混合起来，测验射线的强度，然而结果并不是那样。居里夫人又产生了第二个想法：强射线是由矿物中的元素释放出来的。为验证此想法真伪，她必须找到那种释放强射线的元素，为此，她着手将其从矿物中提炼分离出来。几经波折，在 1898 年，居里夫人发现了新的元素——镭。

居里夫人对亨利的实验结果勇于批判，敢于提出不一样的观点、想法、问题，并不断地通过实验解决问题，验证自己想法的对错，最终导致一项全新科学发现的出炉。整个过程充满了创造性，突破了权威型思维障碍，那么，什么是创造思维？什么是思维障碍？

创造性是人产生新奇独特且有价值的成果的能力或特性。发现和发明是创造性的典型表现形式。显然，没有创造性，科学研究就是毫无意义的瞎折腾，根本不可能实现从 0 到 1 的突破，因此，创造性是科学研究的根本特点，从事科学研究的人包括理工科生必须具备创造思维、创造能力，突破思维定式，清除思维障碍，才能取得预期的科研成果。

创造思维是突破惯常解决问题的思维模式，重新组合既定的感觉体验，探索新的规律，得出解决问题的新思路和新想法的思维活动。创造能力指具有新颖性、独创性、实用性并能够创造有社会价值、艺术价值、科学价值或经济价值的成果的能力。思维定式，就是固定的思维模式，遇到问题，采用同一次序和方式思考，容易形成思维定式。当思维定式影响思考，就出现了思维障碍，想象力和创造力随之变弱。

创造思维具有如下几方面的特征：

- **对传统的突破**
- **思路新颖**
- **想法流畅**
- **视角灵活**
- **程序上的非逻辑性**
- **内容的综合性**

对传统的突破是创造思维的显著特征。突破体现在三个方面：

- **突破原有的思维框架**
- **突破原有的思维定式**
- **超越已有的成果**

先前获得的知识、经验、思考习惯和框架、科学与技术成果容易让一个人形成稳定、定型化的思维路线、方式、模式，从而被思维定式所束缚，出现思维障碍，而思维障碍会将这个人与新奇的想法、绝妙的点子隔离开来。许多原创性科研成果是通过对传统的突破而创造出来的。比如，遗传算法突破了传统优化要求目标函数和约束条件连续可微等性质，智能控制突破了传统控制依赖于数学模型这一局限。

思路新颖指在思路的选择和思考的技巧上均有独特之处，表现为首创性和开拓性。现实中存在不同层次的新颖。比如，普通人偶然冒出的奇怪的想法或点子，日常生活遇到问题时提出的一些解决问题的创意，科学家和工程师在研究过程中进行的创新和发明，革命性的重大创新（如扎德教授的模糊数学）。

想法流畅指能在短时间内归纳总结、创造出很多想法。大量不同的想法是创造思维的前提和基础。创造思维表现为视角随条件的转变而变化，摆脱思维定式和思维障碍的影响，善于变换视角。创造思维往往在超出常规逻辑思维、无人意料、违反常规的情形下出现。

创造性活动在前人工作基础上进行，需要综合利用他人的思维成果。科学技术发展史一再表明，谁能高度综合利用前人的思维成果，谁就能取胜，就能取得更多的突破，做出更多的贡献，即所谓温故而创新。在技术领域，因综合而结出的硕果，更是到处可见。比如，阿波罗登月计划没用到任何一项新的科学理论与技术，而是对现有技术的综合。综合也是创造。

常见的思维障碍有：

- 权威型思维障碍
- 书本型思维障碍
- 经验型思维障碍

- 自我中心型思维障碍
- 从众型思维障碍
- 直线型思维障碍

权威型思维障碍指习惯引用权威观点，不加思考地接受权威的结论，一旦发现自己的想法与权威相违背，便想当然地认为自己必错无疑。权威型思维障碍是科学研究中存在的典型思维障碍。具有书本型思维障碍的人认为，书本知识多即创新能力强，并且书本上的内容都是对的。书上没有说的不敢做，书上说不能做的更不敢做，一味迷恋和盲从书本。经验有其局限性，过分依赖经验，容易形成固定的思维模式，想象力因经验型思维障碍而削弱，导致创新思维能力下降。

自我中心型思维障碍有两种完全相反的表现：一种是过于迷信自己，自以为是，听不得不同声音和意见；另一种是反面的"自我中心"，如自卑、麻木、偏执、封闭。从众型思维障碍表现为，在认知事物、判断是非的时候，往往附和大众、人云亦云，缺乏自己的独立思考和创新观念。在具有直线型思维障碍的人眼中，是即是，非即非，基本不认同是中有非、非中有是、对中有错、错中有对、失败中包含成功、成功中包含失败等情况。

## 2.1.2 创造思维的常见形式

创造思维的常见形式有：

- 逻辑思维
- 直觉思维
- 发散思维

- 收敛思维

- 逆向思维

- 联想思维

逻辑思维也叫抽象思维，指在反映事物共同属性和本质属性的概念基础上进行判断、推理，反映现实。典型例子：墙下站着 A，墙突然倒了，A 没被砸到，因为墙倒向 A 所在的另一面。

直觉思维指对问题未经逐步分析，仅依据内因的感知迅速对问题答案做出判断、猜想、设想；或者在对疑难百思不得其解之时，突然对问题有"灵感"和"顿悟"。比如，眼看墙要倒，A 站在墙下，直觉思维会驱使路过的人马上提醒 A。

从一个目标出发，沿着各种不同的途径去思考，探求多种答案的思维方式为发散思维。研究者根据已有信息，从不同角度、不同方向进行发散性思考，寻求多样性答案，可提高思考效率。与创造力最相关的思维方式就是**发散思维**，它与收敛思维（或称聚合思维）相对。收敛思维指利用已有的知识和经验，把众多的信息和解题的可能性逐步引导到条理化的逻辑序列中去。

发散思维训练不够的理工科生总是在想到一个思路之后就不再思考其他思路，得到一个说得通的解释后就不再探索其他的缘由，从而限制了思考的质量、降低了思路的新意。图 2.1 给出了发散思维的示例。理工科生应在得到研究思路 A 之后，逼自己思考研究思路 B、C 甚至 D，在多种研究思路产生过程中，还可进行收敛思维，将其中部分研究思路聚焦、组合成全新思路，这样就可形成多种不同的研究思路。因此，理工科生应加强发散思维训练和应用。

此外，利用发散思维，可将某个方法或算法扩展或应用到不同的场景中。如图 2.2 所示，遗传算法可扩展到各个领域，如机械、自动化、电力系统等，在机器人、自动驾驶、智能推荐、语言识别等不同场景中应用深度学习算法。

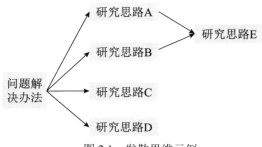

图 2.1　发散思维示例

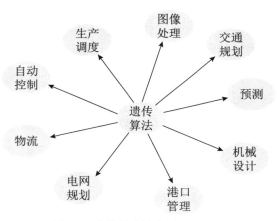

图 2.2　遗传算法的发散思维示例

**逆向思维**就是反其道而行之，不走寻常路，是一种对司空见惯似乎已成定论的事物或观点反过来思考的一种思维方式。历史上著名的司马光砸缸就是典型的逆向思维。人落入水缸中，常规思维是将人从缸中捞出来，逆向思维就是砸缸救人。诸葛亮空城计中，常规思维认为，空城意味着无人，无人当然就可以轻松攻城，可司马懿逆向推理，认为空城恐有埋伏。

　　逆向思维广泛存在于理工科研究中，既能用来提出新问题，也可用来提出新方法。比如：在提出研究主题或问题时，进行逆向思维，由线性系统扩展到非线性系统，或者研究非线性系统时，考虑到其高度复杂性，一时难以找到更好的控制理论与方法，可先研究线性系统，在线性系统基础上再研究非线性系统；从常态交通条件下的交通流分析、预测、控制，到非常态交通条件下的相关研究；从对称旅行商问题到非对称旅行商问题；从静态条件（即所有条件保持不变）下的各种调度问题，如生产调度、电力系统调度，到动态条件（即部分条件发生变化）下的调度问题；算法的参数一旦给定，在搜索过程中往往保持不变，自适应参数则可在算法搜索过程中，根据搜索过程的特点进行参数调整。图 2.3 给出了逆向思维的示例。

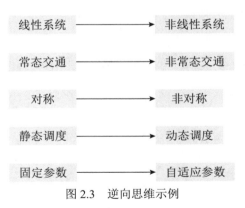

图 2.3　逆向思维示例

　　从一个事物跳跃地联想到另一个事物以及想象那些并不存在的事物是每个人都具有的潜在能力。人们运用联想思维可以很快从记忆里搜寻出需要的信息，构成一条链，通过事物的接近、对比、同化等条件，把许多事物联系起来思考，从而开阔思路，加深对事物之间联系的认识，由此形成创意和方案。

关于创造思维的过程，英国心理学家华莱士给出了四个阶段：

- 准备期
- 酝酿期
- 启发期
- 验证期

准备期是掌握问题、搜集各种材料、动脑筋的过程，即自觉的努力时期。爱迪生为了发明电灯，据说，光收集资料整理成的笔记就有两百多本，总计达四万多页。可见，任何创造都不是凭空产生的，都是在日积月累、大量观察研究的基础上实现的。

在酝酿期，对前一阶段所搜集的信息、资料进行消化和吸收。在此基础上，找出问题的关键点以考虑解决这个问题的各种策略。

在启发期，即顿悟阶段，人在不工作的情况下突然出现启示，得到朝思暮想的答案。比如，耐克创始人比尔·鲍尔曼，吃威化饼感觉特别舒服，受触动，拿着妻子做威化饼的特制铁锅到办公室研究，把跑鞋制成威化饼的样式，制成第一双鞋样。

最后一个阶段主要是把前面三个阶段所形成的方法、策略进行检验，以求得到更合理的方案，往往要经过"否定—肯定—否定"的循环过程。

## 2.1.3　理工科生如何进行创造性思考

创造思维有很多方法。头脑风暴法就是一种典型的创造性思考方法，它由美国创造学家亚历克斯·奥斯本在 1939 年首次提出，于 1953 年正式发表。头脑风暴进行过程中，参与者没有拘束，自由思考，当参与者有了新观点和想法时，就大声提出来，他们也可以在他人提出的观点之上提出新观点。所有观点被记录下来，但暂时不进行批评。当头脑风暴会议结束后，才对这些观点和想法进行评估。头脑风暴法在具体使用时应遵循延迟评判和以量求质的原则。

理工科生面对某个具体的研究问题，应找到适合该问题的创新思维方法。比如，求解以总距离为目标的旅行商问题，该问题指一个商人要访问 $n$ 个城市，在每个城市必须被访问且只能访问一次的条件下，寻找一条总距离最短的路。采用功能发散方法，功能就是在上述条件下找到总距离最短的路，然后探讨该功能的各种实现方法，即解决该问题的各种算法。

为了提高效率，一般会选定一种算法，如人工蜂群算法，然后给出运用该算法求解上述旅行商问题的多种思路。而在寻求每个具体思路时，可根据所使用的人工蜂群算法的特点，进行逆向思维。比如，人工蜂群算法包括雇佣蜂阶段、跟随蜂阶段、侦查蜂阶段，在前两个阶段中，解的搜索策略相同，可让前两个阶段的搜索策略各异，即雇佣蜂阶段采用一种策略，跟随蜂阶段采用另一种策略；在跟随蜂阶段，通常每个跟随蜂都会选择一个解进行跟随，可采用自适应策略，当雇佣蜂阶段进化效果好时，部分跟随蜂，甚至无跟随蜂选择解进行跟随，而当进化效果差时，才让每个跟随蜂参与跟随。

当旅行商问题研究进展较大时，需要根据实际运输过程的情况对问题进行扩展，问题扩展可采用逆向思维，比如，由对称变成非对称，从单个旅行商到多个旅行商等。也可采用组合思维，比如，旅行商问题是实际物流运输的典型模型，它描述了一辆卡车服务 $n$ 个客户的路径优化问题，其中卡车建模为旅行商，客户与城市对应，如果卡车上还配置了无人机，无人机和卡车一块进行客户的运输配送，则问题进行了扩展，从一个交通工具变成了两个交通工具，整个问题就变成了两个交通工具的组合运输问题。

每种创造思维如发散思维，都有相应的训练方法或技法。比如，发散思维的发散点可以是事物的功能、实际用途、结构、形态、颜色、味道、明暗，事物之间的组合、解决方法、事物间的因果等。具体以照明这一功能为发散点，可找到多个具有照明功能的事物，如油灯、白炽灯、萤火虫等。

不过，大多数理工科生在从事科研工作之前，埋头苦学课本知识，很少涉及创造思维及其训练。最常见的是针对同一道题用多种解法的训练，但这种训练针对的多是答案已知的难题，而理工科研究所涉及的科学问题和技术问题往往答案未知。理工科生针对答案未知的研究问题，提出自己的解决方案，自己做实验或理论推导评判或推倒自己的方案，反复多次。整个过程完全不同于中小学解答难题，前者需要的思维方式多样，逆向思维、发散思维一个都不能少，后者则以收敛思维为主，所有思考路径都指向难题的正确答案。因此，我国理工科生在创造思维方面多存在训练不足的缺陷。

目前，很多高校开设了科学研究方法、创新创业等方面的课程，力图让理工科生了解科研过程：选择研究主题、提炼研究问题、设计研究思路、进行理论或实验验证，才能得到预期的研究结果和结论；科研过程中充满了不确定性，各种预想不到的科研波折持续不断；科研活动的成果必须具有高创造性，属于前人未曾发现的理论、方法、算法等，而高创造性的成果往往来之不易。不过，这些课程建设存在一些不足，比如，理工科生无法通过课程学习获得必要的科研训练。

创造思维启迪智慧，而科研规律让人少走弯路。

##  2.2　遵循科研规律 »

理工科生在投入科研之前，不仅要扎实掌握本专业的基础理论与专业知识，养成创造思维习惯，学会创造技法，还要认真理解科研规律，按科研规律办事。只有这样，才能顺利取得研究进展。如果缺乏对科研规律，尤其是理工科科研规律的认识，就容易走弯路。比如，几个月过去了，科研项目毫无进展。如果对这种现象有正确的认识，就能静下心来找解决办法，而不是沮丧和抱怨。

### 2.2.1　科研规律

人类任何活动都有规律可循，科研活动也不例外，它也有自身独特的规律。科研管理者、研究者、理工科生只有遵循科研规律，才能充分调动科研积极性、让研究顺利进行下去，最终取得不错的研究成果。下面描述理工科研究的科研规律。

#### 1）趁创造力正强，专心做科研

有研究者对 435 位诺贝尔自然科学奖获得者取得获奖成果的年龄进行了统计，结果发现，重大科学发现几乎分布在科学家科研生涯的任何一个时间段，取得获奖成果最年轻科学家的年龄是 21 岁，最年长的科学家是 71 岁。如图 2.4 所示，这 435 人中，有 279 人取得获奖成果的年龄在 31 ～ 45 岁，占总数的 64.14%；有 354 位科学家取得获奖成果的年龄在 21 ～ 45 岁，占总数的 81.37%。由此可见，21 ～ 45 岁，是科学家最能出科研成果的年龄段。

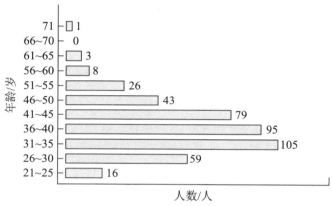

图 2.4　诺奖获得者获得重大科学发现的年龄分布

由于青年科研人员是创造力最强的群体，科技发达的国家都非常重视对青年科研人员的支持，让他们全身心地投入科研中，做一流的科学研究。1998 年 7 月，诺贝尔化学奖获得者麦克米伦在加州大学欧文分校博士毕业后不久，就开始了独立研究生涯。近 10 年来，我国越来越多的高校给予青年讲师或副教授独立指导硕士生和博士生的机会，在科研项目申请、科研经费投入等方面给予青年教师以倾斜；而青年教师也要充分利用自己创造力正强的时期，在自己的研究领域深耕细作。

## 2）不要指望有一帆风顺轻松而成的科研

科研活动往往是一个不断迭代的过程，需要不断进行实验、观察、分析，并总结实验结果、调整研究思路，甚至更换研究问题，推倒重来，反反复复，历经几次甚至几十次的折腾，才能揭开科学规律的神秘面纱，找到破解技术难题的最佳方案，提出新理论、新方法等。因此，科学研究过程曲折是常态，研究结果飘忽不定并不鲜见，科研难免要经历一次次的失败与挫折，甚至需要"板凳要坐十年冷"的积累。

科研进展起起伏伏，有时走得顺，有时走得憋屈，实属正常，要做到不因顺而得意，不因不顺而焦虑、烦躁，保持平常心。而且科研不顺，也不全是坏事，它能磨炼人的心性，让人反思自己的思维习惯和做事态度，有助于后面成长得更快。

像数学家张益唐那样以一种决绝又苦行僧的方式坚持几年，甚至十几年如一日，才能取得高创造性的研究成果，而浅尝辄止、轻松获得的成果往往价值不大。目前，我国正在积极创造条件和环境，让研究者能专心研究挑战性、前沿性问题，同时宽容科研失败，打破量化考核误区，杜绝短视行为。在科研大环境日益完善的当下，研究者和理工科生应该有勇气做最难的工作，在自己的领域实现从 0 到 1 的突破，助力国家突破"卡脖子"技术。

### 3）创造思维与严谨态度

科学研究依赖于创造思维，需要不断追逐新的理论、方法和思路，挑战自己，才能获得深刻的认识，实现突破。科研成果（如论文、专利）是对未知世界的全新认识，是科学问题的有效解决方案，是技术难题高质量的破解思路，建立在创造思维和创造活动基础上。

理工科研需要严谨的态度，需要遵循科学研究方法进行实验和分析，保证研究结果的可靠性和真实性。比如，提出一个新算法，需要运用足够多的例子，甚至所有能使用的例子，通过充分的比较，以检验新算法的合理性和优势，而不能仅仅用数量非常有限的例子。

严谨的态度意味着实事求是，坚持数据保真，既认可优势，也不回避劣势；意味着不主观臆断，靠数据说话；更意味着不弄虚作假，搞学术抄袭，让学术不端毁掉自己的学术生涯；还意味着在自己犯错或者多数同行认为自己错了的时候，不轻易放过错误。

日本诺贝尔奖获得者田中耕一在做生物大分子质量测定实验了，放错了材料，但他并未停止实验，而让实验继续，从而误打误撞发明了生物大分子质量测定技术。如果他和大多人一样，发现实验材料弄错了，沮丧难过，然后放弃实验，就不会作为一个电气工程专业毕业的人，在化学领域做出重大成果。

1919 年，罗伯特·戈达德发表了一篇题为《一种达到极端高度的方法》的论文，他设想用多级火箭方法，每一级发动机能将火箭推得更高一些，直至穿过大气层。当时科学界的几乎所有同行认为戈达德的设想是错误的，大家认为，无论什么火箭都不可能突破强大的地球引力，火箭会在与大气的剧烈摩擦中烧毁。戈达德并未因为大家的误解而放弃自己的研究，1926 年，他发射了一枚液体火箭，证明了学界认为的"错误"设想完全可以实现，他也被公认为现代火箭之父。

## 4）重视学术交流

学术交流是科学研究不可或缺的部分。通过学术交流，研究者分享自己的研究成果，获取同行的意见和建议，开阔研究视野，从而进一步提高研究水平和能力。学术交流可以促进学科之间的交叉和融合，推动科学研究的创新和发展。通过学术交流，研究者认识国内外同行，才能找到合作的机会。

学术交流的形式多种多样，最常见的学术交流有学术研讨会、学术讲座、学术会议等。其中，学术研讨会指召集某个具体细分领域的研究者，集中进行的学术交流，是更专业、参会时间更长、讨论更充分的一种学术交流形式。学术讲座的时间通常以小时计，在几个小时内，一位或几位专家进行主题分享，有提问和讨论环节。学术会议是一种大型的学术交流活动。其涵盖的话题更为广泛，参与人员背景更为多样，会议时间也可能更长。比如，中国控制会议参会人数往往超过千人，涵盖控制科学与工程这一专业的所有研究方向，通常有大会报告，还有主办主旨报告、专题研讨会、发展论坛、口头汇报、张贴论文等，是控制界的一次盛会。

### 5）秉持开放的心态、合作的精神

研究者必须具备开放的心态，乐意接受不同的观点和思想，不断拓展自己的视野和思路。在多学科交叉日益普遍的今天，通过借鉴或者受其他学科的思想的启发，容易发现自己专业领域研究问题的全新解决方案。比如，传统优化方法在求解大规模复杂优化问题方面没有优势，甚至无法求解，而受生物进化与遗传规律启发的遗传算法是一种求解原理完全不同于传统优化的方法，它在大规模复杂优化问题求解方面极占优势。

有了开放的心态，才能进行合作。研究团队成员之间精诚合作，可同时开展一个研究方向的多个研究主题的研究，也可共同攻克科研难题。此外，高校、研究所的科研团队也可与企业合作研究。总之，科研合作是大趋势，尤其是一些大型科研项目，往往需要几家，甚至几十家单位共同申报、共同完成。比如，在天文、空间科学、高能物理等领域，全球科学合作屡见不鲜，典型例子有2012年欧洲核子研究中心宣布发现"上帝粒子"——希格斯粒子时，全球有5000多名研究人员参与，最终发表的两篇论文作者总数达到6000人。

目前，我国科研合作还存在一些障碍。比如，论文只认第一作者和通讯作者，其他作者的贡献基本被忽略，科研项目只看负责人，弄得老师们都想办法立自己的项目，难以进行大的科研合作。此外，高校与企业合作，由于高校与企业的关注点不同，企业关注效益和利润的提升，而高校关注论文、专利、科学技术奖励等，若协调不好，也影响合作。

虽然合作有障碍，但是开放和合作已成为科学发展不变的主题，应积极主导或参加合作。那么，如何开展科研合作？

（1）互相尊重和信任是合作的基础。合作成员之间以诚相待，切实考虑每个合作成员的利益与关切。比如，导师不能只想着让学生做项目，而不考虑学生的毕业要求。

（2）目标一致是根本。合作各方或者合作者之间没有共同的利益，没有达成一致的目标，合作难免出现"五同"现象，即科研项目论证和申报时"同心同德"，制订研究计划时"同舟共济"，经费到手时"同床异梦"，遇到分歧时"同室操戈"，最后难免变成"同归于尽"。

（3）有效沟通是保障。当团队成员之间有摩擦，有分歧时，应积极沟通，了解成员的关注点，让每个团队成员都能获得与其贡献相匹配的利益。比如，导师过于看重某个学生，将其他学生的研究数据强行拿过来，给这个学生发论文，势必引起团队内部的不稳定。

## 2.2.2　理工科生如何遵循科研规律

理工科生年龄多在 20 ～ 35 岁，正是最富有创造力的时期，而且理工科生生活比较单纯，没有太多琐事牵绊，能够保证在科研方面投入足够多的时间，正是专心做科研的大好时机。然而，这个时机被很多理工科生白白浪费掉了。

这些理工科生对自己的科研能力，以及能达到的科研水平信心不足；不想吃科研的苦，每每想到科研充满了未知性、探索性、风险性和不确定性，想到花几年时间搞科研可能一无所获就害怕，总希望科研像课程学习那样，只要够认真，学习时间够多，拼命刷题，就能取得好成绩。此外，就业前景不错的专业如自动化、人工智能的学生拿个硕士学位就能找到不错的工作，大多数学生不愿费心费力地读博，即使读了博，仍然会放弃科研。

2012 年，中国科学院数学与系统科学研究院研究员程代展在科学网博客发表博文《昨夜无眠》，导致程老师无眠的是他的一名优秀博士生放弃科研，去中学当老师。该博士生后来回应为何自己会逃离科研，主要原因在于：一方面是累，尤其是心累；另一方面是没能力。大多数选择不从事科研，或者逃离科研的人，多半也是出于这两个原因。只是，人世间无论从事哪个行业，想取得耀眼的成绩，取得惊人的成果，没有不累的，好多人都是在干中学，在学中干，一步步将能力提升上来的。因此，理工科生不宜简单以心累和没能力为理由轻易放弃科研。

理工科生应充分认识到科研的艰难曲折，做好吃苦受累的心理建设，不要在科研不顺时郁闷、抱怨。科研不顺，进展缓慢，不外乎两个原因：

（1）研究过程不顺利。比如，实验做不出来，或者预期实验结果始终未出现，却找不到改善实验结果的办法；或者无法给出令人满意的研究思路，即使思考了几个月，进展依旧如故。

（2）投稿过程波折不断。一稿投过去，顺利拿到修改意见，提交修改后，直接录用，只是理想状态。常态往往是投过去后，几个月杳无音信，突然给拒了，理由居然是论文与期刊的征稿范围不合，不接受投稿。

理工科生刚进入科研领域时，在创造思维和创新活动方面是菜鸟，往往只知道给解决方案，却不分析解决方案是否合理，是否具有充足的理由支撑。比如，针对优化问题设计优化算法，如果该问题具有较多前期研究工作，则一定存在一些经常使用的策略（如全局搜索算子和邻域搜索算子）、算法（如启发式算法）等，这些策略和算法可直接拿过来用，那么思考的重点就不能放在已有工作上，因为已有工作再怎么改进，都属于较低层次的创新，很难作为论文的创新点；好不容易得到新的算法设计，却较少考虑为什么要这样设计，对一些bug（缺陷）考虑不周。以遗传算法的改进策略为例，改进策略所占用的计算资源是遗传算法本身的几倍，使得整个算法以改进策略为主，而并非以遗传算法为主，以至于叫改进遗传算法已不太合适。

态度不严谨也经常发生在理工科生身上。比如，选择某个对比算法，在对比算法复现过程中，未严格按照文献所描述的过程进行复现，或者未对对比算法进行反复调试，导致对比算法所得到的计算结果并非它能产生的最好结果。对理工科生而言，严谨的态度意味着积极想办法完成导师布置的科研任务，做事踏实认真，投入时间多，主动对研究成果的创造性提出高要求，对所选择的研究问题给出高水平研究思路。

大多数高校会对理工科生的学术交流进行考核，使得理工科生不得不参加一些学术交流。不过，理工科生在学术交流活动中经常不认真听讲、不提问、不讨论，使得学术交流的作用大打折扣，以至于在国内召开的学术会议中，每当报告人做完精彩的报告，就要有几分钟因为无人提问而导致的冷场，因此，会议主办者经常跳过提问环节。理工科生应以积极的心态面对学术交流，尤其与自己研究方向差异较大的学术交流，要充分利用每一次学术交流，增长见识，开阔视野。

理工科生通常在一个个大大小小的课题组，同组成员之间难免要合作。应采用上述三项原则进行合作，共同承担导师布置的科研任务。当自己的研究工作影响到同组其他成员的研究进度时，要积极主动沟通，避免矛盾激化；当合作发表论文时，谁是第一作者的问题需要协调好，当合作成员之间的贡献差异不大时，要宽容、大度，尽量考虑合作者的诉求。比如，A 和 B 两人合作完成一篇论文，A 此前发表了论文，而 B 未曾发表，两人贡献差异不大时，应尽量考虑 B 的诉求；理工科生与导师之间，尽管以导师为主导，由导师提供项目、实验设备、研究方向、各种活动（如学术会议）、发表论文的经费，但理工科生和导师之间也是合作关系，理工科生应重视导师的建议，充分利用导师作为科研老手的经验和人脉，切忌擅自做主，绕过导师进行论文投稿。为了合作共赢，理工科生要选择那些尊重合作成员的导师。

有了创造思维，掌握了创造技法，搞清楚科研规律，那就正式开干！第一步，让研究问题到位。

## 2.3 提炼研究问题 »

找到合适的研究问题往往是研究中最困难的一环，是成功发表论文的第一步，也是理工科生顺利完成自己科研任务的关键。研究问题过难，理工科生可能不能顺利完成相关研究工作、研究问题价值不大或应用于实际场景的可能性低，理工科生的论文将难以发表。因此，有必要下功夫提炼并选择合适的研究问题。

### 2.3.1 主要步骤

在同一研究方向下，可研究的问题虽没有几百个，但数量多总是常态。有的研究问题超级困难，几十年了，它依旧坚挺在那里，令无数研究者听之色变，让刚刚进入科研领域的理工科生避之唯恐不及，除非一心想延期毕业；有的研究问题曾经令无数理工科生趋之若鹜，每每向人提起自己是该问题的研究者，都骄傲得很；有的研究问题目前非常热门，可每每想到自己实验室那些陈旧的设备，根本玩不转这些问题的研究，只能徒增烦恼，望着一大片科研红海而兴叹。比如，控制理论剩下的很多问题，如混杂系统稳定性，既要有工程背景，又要有深厚的数学功底，自动化专业的普通人碰到这些问题都要绕着走；人工智能热门过，后来变成了冷门，近十年又变成了一片科研红海，成为国家重点支持的研究领域，理工科生眼中特别吃香的专业。

有的研究问题容易入门，但做出有价值的成果比较难。比如，各种运输优化问题，原理简单，容易理解，但如何让自己的优化结果优于已知的最好结果，比较困难。有的研究问题入门困难，要求的专业知识较多。比如，图像处理、深度学习等方面的问题，要求研究者既掌握图像处理和深度学习的原理和方法，还具备熟练编程的能力。有的问题涉及相关政府、部门或企业不公开的数据，拿不到数据就无法让自己的研究深入下去。比如，医疗调度，医院无公开数据的义务，如果只能用一些常规数据，无法深入了解医院医疗资源分配与调度的真实情况，只能进行方法探讨，这样的研究既不能"顶天"，也无法"立地"，研究意义会大打折扣。

通常理工科生要经过如下三步，才能敲定适合自己的研究问题。

## 1）文献查阅

"文献"一词出自《论语·八佾》，根据朱熹的注解，"文，典籍也；献，贤也"。文献指典籍和贤能之人，而当"献"指具有历史价值的图书、文物等时，文献就不是典籍与贤能之人的组合，而专指具有历史价值的图书、典章等。理工科文献指发表在期刊和会议论文集上的论文、技术报告、专利文档等。

论文主要包括研究论文和综述论文，其中研究论文往往针对某个研究问题，详细阐述该问题的解决办法、实验结果与分析、研究结论等。在研究论文的引言部分，会有详细的研究动机分析，即为何要进行论文的研究。比如，为什么针对飞行作业机器人动态抓取时的控制采用非奇异终端滑模控制。在结论部分，作者往往会指出未来打算做的研究问题。

综述论文往往针对某个研究问题或主题，比如，绿色制造过程中的绿色调度问题、疲劳驾驶监测方法，收集过去一段时间（如五年或十年）的所有相关研究文献，然后对文献进行分类、归纳、评价，基于现有文献总结研究主题或问题的现状、存在的问题与不足，最后对未来研究进行展望，指出未来哪些问题值得深入研究。

文献阅读是了解研究主题或问题的现状、找到新的研究问题的重要方法，也是了解领域研究最新动态、避免重复别人已经做过的研究的主要手段。不过，文献阅读不能仅限于阅读，应与思考紧密结合，通过思考找到文献研究结果的缺点、差距，甚至错误，找到合适的研究问题。比如，一旦发现文献的理论或方法存在缺点，理工科生可进一步思考如何运用更好的理论或方法来克服缺点。只看文献，而不思考，效率低下，非常不可取。

理工科生阅读一定数量文献之后，可自提自问，以便发现可以研究的空白，从而找到合适的研究问题。通常可提如下问题：

- 现有研究是否存在某些不足、矛盾或不确定性？
- 针对已研究问题，哪些问题得到了充分研究？哪些问题研究不够充分？哪些问题未引起研究者的关注？
- 哪些问题值得研究？原因是什么？
- 为什么方法 A 比方法 B 更常用？
- 为何没有将解决某个问题的方法 A 和方法 B 融合在一起？

上述自提自问可针对某个大的研究主题，比如旅行商问题，从该主题可研究的问题中确定一个问题，比如考虑无人机的旅行商问题；然后针对所敲定的问题，在文献阅读基础上，再次提问，找到考虑无人机的旅行商问题中的更细分的问题，比如卡车与无人机协同旅行商问题，即所谓飞行伙伴旅行商问题（FSTSP）。该问题中，存在一辆卡车，卡车上配置一架无人机，两者协同工作，完成配送，如图 2.5 所示。

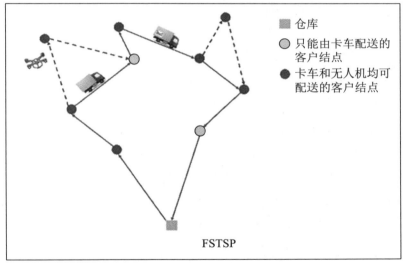

図 2.5　配无人机的卡车和 FSTSP 示例

　　通过对比发现，方法 A 比方法 B 更常用，应找到背后原因。比如，对于复杂优化问题（如旅行商问题），有启发式算法（如节约算法、扫描算法），以及智能优化算法（如遗传算法），由于智能优化算法在求解复杂优化问题方面具有较强的优势，能获得比启发式算法更好的优化结果，故常用智能优化算法，但启发式算法也有作用，经常用来进行智能优化算法的初始化。

除了文献阅读，由于理工科研究主题或问题大多有较强的实际应用背景，还可通过企业调研等方式找到研究问题。到企业去，充分了解实际过程与场景的特点，提出适合于实际过程或场景的研究问题；或者直接从企业的生产过程中提炼并确定研究问题，这样的研究问题应用价值较大。此外，一些最新研究方向往往会出现在学术会议的征文范围或者专题讨论中，因此通过参加学术会议，聆听同行专家的报告，直接向同行专家提问、请教，理工科生也能发现一些新的研究动向、研究问题。

任何新的研究都是针对已有研究的不足、矛盾和争议，应尽量研究未引起广泛关注，且具有研究价值的问题。那么，什么样的问题值得研究？

研究成果少的问题并不意味着值得研究，也许正是因为价值不大，研究进展才小。

分析哪些问题值得研究，应该从理论价值或现实价值角度思考，比如直接提炼于某个实际制造过程的生产调度问题的建模与优化。以织物染色过程的并行批处理机调度为例，该问题中，有 $n$ 种需要染成一定颜色、具有一定种类的织物，同颜色的织物组成一批，由具有相应容量的染色机完成染色。这个问题具有多个子问题、多种约束、NP-难特性，使得问题求解难度大，同时问题直接来自实际制造过程，相应的研究结果可能应用于实际染色过程，理论与现有价值都比较大，而且问题未得到充分研究。基于这些分析和讨论，最终得出结论：有必要研究织物染色过程的并行批处理机调度问题。

## 2）针对候选问题自问自答

为了确定研究问题，可选择几个候选问题。针对某个候选问题，就研究该问题会怎样自问自答，比如：

- 这个问题会引出有用的信息吗？
- 这个问题的研究成果对关注它的人来说有意义吗？值得他们花时间了解吗？
- 这个问题的研究结论能推进或改变现有知识吗？
- 研究成果可为相关决策者提供有价值的参考吗？
- 对这个问题的研究可为其他研究者提供指导吗？

以 FSTSP 为例，该问题来自实际的卡车与无人机联合配送过程，又是普通旅行商问题的扩展，涉及客户点在卡车和无人机之间的合理分配、卡车路径优化等。随着卡车、无人机协同配送的日益普及，问题的研究将为实际的配送提供理论和方法支持，具有较大的参考价值。由于这个问题是考虑无人机的车辆路径问题（VRP-D）的特例，研究这个问题还可为 VRP-D 的研究提供指导和借鉴。

上述提问的解答不仅能增强理工科生选择某个问题的信心和决心，还可直接用来描述研究动机。研究动机是论文的重要部分，用来回答"为什么要做论文的研究"的问题。

上述两步不一定严格按照先第一步后第二步的顺序执行，也可能是先确定了某个问题，比如从企业调研或者其他途径发现某个问题研究具有重要的现实意义，然后去查阅文献，确定拟研究的问题的研究进展，如果相关研究进展较小，则可直接选择该问题。

### 3）所选问题的描述与分析

该步主要工作包括给出问题的完整描述、弄清拟研究问题的特点、找到解决问题的难点、分析问题的研究意义。弄清特点，可以有针对性找到解决办法，或者将问题特点与解决办法相结合；知道难点，就能评估问题的难度是否与自己的能力匹配，或者将思考的重点放在难点上；明白问题的研究意义，就能确定是否有必要研究问题。一般可以从文献综述和实际应用两方面分析研究意义。

比如，图 2.4 所示的 FSTSP，存在一定数量的客户，其中有的客户结点可以由卡车或无人机配送，这样的客户结点超过 60%；有的客户结点只能由卡车配送。定义什么是一次无人机配送，指在客户结点 $i$，无人机载着客户 $j$ 的包裹飞行，完成配送后，无人机飞到结点 $k$，与赶到结点 $k$ 的卡车会合。难点在于所有客户在卡车和无人机之间的分配、卡车路径优化两个子问题复杂度高，且彼此耦合、相互影响。研究意义，可从问题的复杂度高、求解难度大、相关研究进展不大，以及广泛存在于卡车与无人机协同配送实际过程中等方面进行分析。

## 2.3.2 如何提炼具有前瞻性的研究问题

理工科生可采取如下措施发掘具有前瞻性的研究方向或研究问题：

（1）紧跟本专业的科研动态，保持对最新研究和发展的了解和洞察，避免错过新的研究机会。

（2）关注社会需求和挑战。理工科研究，尤其是工科研究应服务于国家经济建设。比如，随着气候和环境问题日益严重，绿色制造、清洁生产的理论、方法、技术具有较强的前瞻性和紧迫性。

（3）注重多学科交叉。从不同的视角看同一问题，既能拓宽视野，又能找到新的研究方向或问题。目前，多学科交叉已成为研究的主流。比如，在优化与控制领域，通过模拟生物或自然现象给出全新的研究方向（如智能优化、智能控制）。

（4）开创新的研究方向、理论、方法。比如，传统控制理论基于数学模型，而对复杂控制对象建立数学模型非常困难或者不经济。基于此，可提出数据驱动的控制理论，克服建模困难。

理工科生应勇敢地成为第一个吃螃蟹的人，时刻关注最新研究进展，一旦出现新的研究主题或问题，应具有高度的敏感性，积极投入到全新问题的研究中。许多知名的学者、教授正是在合适的时机碰到了一个全新的研究主题，成为第一批，甚至第一个研究者。而该研究主题后来受到学术界和工业界的广泛关注，这些人的早期研究论文就成为影响力较强的成果，甚至是经典成果。

南方科技大学计算机系教授、IEEE Fellow 史玉回是粒子群算法最早的几个研究者之一，他与该算法的提出者之一埃伯哈特（Russell Eberhart）合作的论文"A modified particle swarm optimizer"的 IEEE Xplore 引用次数超过 4800，而大多数学者一生所写论文的引用次数总和都低于 4800。一篇论文就超过了至少90% 的作者。印度学者 Kalayanmoy Deb 提出了关于多目标遗传算法的经典算法"A fast and elitist multiobjective genetic algorithm: NSGA-II"，该论文 Scopus 学术搜索次数近 36 000 次。史玉回教授的工作给出了粒子群算法的基本形式，而 NSGA-II 成为多目标智能优化绕不过去的算法。图 2.6 描述了两篇论文的引用情况。

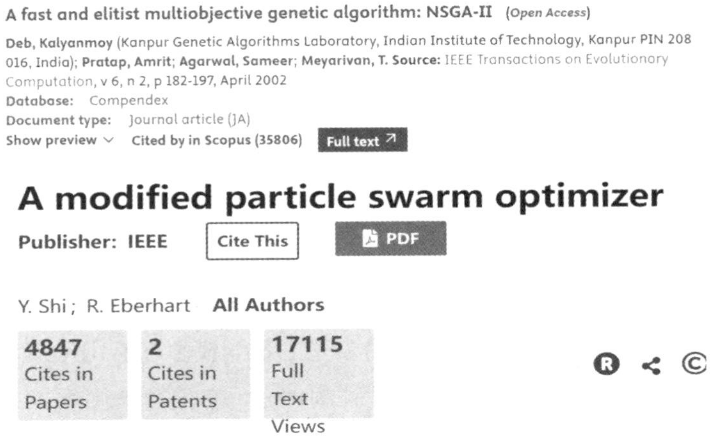

# A modified particle swarm optimizer

**Publisher: IEEE**    Cite This    📄 PDF

Y. Shi ; R. Eberhart    **All Authors**

图 2.6　两篇早期论文的引用次数

　　即使是普通研究者和理工科生，也应尽量研究新的问题，或者探讨新方法及其新的应用领域。如图 1.5 所示，本人的论文"A genetic algorithm for flexible job shop scheduling with fuzzy processing time"是最早关于模糊柔性作业车间调度（flexible job shop scheduling）的论文，也是本人所有论文中引用次数最多的论文之一，有较多研究者在这篇论文的基础上开展后续工作。

　　理工科生提炼和研究的问题应该具有较高的新鲜度，是目前研究者重点关注的问题，相应的研究工作能引起同行的关注。如果研究问题过于生僻，研究者过少，论文投稿后，连审稿专家都难凑齐，会比较难受。当然，理工科生也不能盲目追逐热点，因为追逐者永远只是跟随者，无法站在科研最前沿；相反，冷门研究方向可能蕴含着重大突破，是下一个研究热点，比现有研究热点更具前瞻性。

　　对于冷门研究方向或研究问题，不能一味避开，要有理性认识，要全方位了解其优势和不足，弄清之所以冷门的原因；一旦认定冷门研究方向或问题有前途，应敢于挑战自己，迎难而上，坚持不懈地做下去；同时在创造思维方式、研究方法等方面另辟蹊径才能有所突破，并做好较长时间无论文、无成果的准备，耐得住寂寞。当然，国家、高校、导师都应对勇于承担冷门研究的理工科生予以充分的理解和支持，为在未来形成重大突破做好准备。

深度学习之父杰弗里·辛顿（Geoffrey Hinton）在 1973 年获得了在当时被认为是冷门专业的人工智能博士学位，坚持研究人工神经网络，当时无人相信人工神经网络有未来，他的导师劝他放弃。博士毕业后，他找不到合适的工作，生活困难，可他坚持了几十年，终于等到了人工智能的春天和火热的夏天，并斩获图灵奖。瑞典生物学家斯万特·帕博（Svante Pbo）一生从事人类遗传学这一冷门研究，拿不到科研经费，只靠马普学会会长的特别经费，做了一系列看似不可能的开创性研究。比如，对古人类尼安德特人进行基因组测序，从而获得 2022 年诺贝尔生理学或医学奖。当然，不是每个从事冷门研究的人都这样幸运，但即使失败了，能让后来者少走弯路，也非常有意义。

研究问题到位了，解决问题的研究思路还远吗？不远，两者之间只隔着一次或多次深思熟虑以及对深思熟虑的结果的验证。

## 2.4　设计研究思路 »

研究思路是针对所研究问题而提出的解决方案。给出一个解决方案不难，也不稀奇，但好的研究思路就很难得了，理工科生抓耳挠腮多日可能都难见其全貌的一角。研究思路的创造性水平直接决定问题解决的质量和水平，也是论文得以发表的决定性因素。研究思路没有统一的标准，需要根据研究问题的特点、难点，运用合适的思维方式设计。

## 2.4.1　什么样的思路是好思路

研究思路是解决研究问题的设想或设计。理工科生需要通过理论推导、实验或试验验证，明确设想或设计的真伪或具有较强的优势，才能得出论文的研究结果。一旦验证结果表明，研究思路理论上不成立或优势不明显，甚至无优势，相应的研究思路将被丢弃，或者进行进一步改进，使其理论正确或具有明显的优势。由于辛辛苦苦得来的研究思路可能无用，研究者通常需要通过发散思维，准备多种研究思路，以避免研究因思路有问题或无优势而陷入停滞状态。

无论是理科专业的研究思路，还是工科专业的研究思路，若是好思路，都应具备如下特点：

- 足够多的创新点，较高的创新性
- 每个创新点背后的理由和原因成立
- 整体逻辑自洽
- 能通过理论、实验或试验验证

研究思路的核心就是创新点。创新点是反映创造性的要点，是不同于已有研究成果的新创意，即以前从未发表或未曾出现的新理论、新问题、新策略、新机理等。研究论文、学位论文的创新点数量足够多、创新性水平较高，方能顺利通过期刊审稿或学位论文盲审。

提炼创新点是设计研究思路的重要步骤。提炼创新点，既要描述创新的具体内容，又要突出其重要性。创新点的四种内容及其重要性如下：

- 带来原创知识，该知识对学科或领域的意义
- 完善现有部分知识，该完善对学科或领域的作用
- 拓展一些知识的边界，该拓展对学科或领域的影响
- 应用一些知识，该应用的价值

对理工科生来说，主要进行后三种创新点提炼。

重要性是创新点背后的主要理由和原因，此外，理工科生还应清楚其他的理由和原因是什么，是否成立。比如，创新点是利用简单的强化学习算法如 Q- 学习算法来动态调整智能算法的参数、搜索策略或算法结构，那么为什么要用 Q- 学习算法，而不用其他算法？是否涉及 Q- 学习算法收敛的问题？这样做有何优势？如果不这样做，是否存在后果，存在哪些后果？只有创新点背后的所有理由和原因都成立，不违背专业理论与原理，创新点才可能有效、合理。弄清楚创新点背后的理由和原因，对写论文也有帮助，因为在撰写创新点时，不仅要告诉读者创新点有哪些，还要深入阐述为何提出这样的创新点。

逻辑自洽就是自圆其说，按照自身的逻辑推演，自己可以证明自己，至少不是矛盾的或者错误的。比如，利用 Q- 学习算法决定在每代的种群进化后是否进行增强性搜索，即当前代种群进化效果好，则不执行增强性搜索，否则执行具有某种搜索策略的增强性搜索。该算法由动作、状态、Q- 表、奖励、动作选择等组成。应用该算法的关键是定义它的各个组成部分，为此，将增强性搜索所用的搜索策略、不执行增强性搜索定义为动作，种群评估结果定义为状态，然后运用 Q- 表根据状态选择相应的动作。如果状态定义错

误，如用上一代的种群评估结果定义当前代的状态，以确定当前代的动作，则违背了设计 Q- 学习算法的上述设想，逻辑不自洽。

研究思路不神秘，每个理工科生都能提出一大把貌似合理有效的研究思路。比如，永磁球形电机的转子姿态检测算法，可以给出多种不同的思路；而针对所研究的优化问题，也容易设计多种看似新颖、背后理由也说得通的智能算法，但如果无法通过实验或试验验证，这些优化和检测算法很可能毫无价值。因此，设计研究思路时，要大胆探索，小心求证，通过实验或试验方案设计与结果分析等确定研究思路的合理性和优势。如果思路无须进行实验或试验验证或者现有技术无法进行验证，那么要进行理论上的验证。

## 2.4.2　研究思路举例

研究思路随研究问题的不同而有所差别。比如，对于控制问题，以永磁球形电机控制系统研究为例，研究思路会涉及系统建模、转子姿态检测算法、控制算法、控制系统设计等，以发散思维为主；对于优化问题，以前述考虑无人机的旅行商问题为例，研究思路包括问题建模、优化算法设计，而优化算法根据其步骤，包括编码和解码、种群初始化、新的优化策略、机理、机制的引入、问题的特点与算法的有效融合等。这些步骤所用新策略往往要通过逆向思维而得。

下面具体举例说明优化问题和控制问题的研究思路。

### 1）优化问题

图 2.5 描述了 FSTSP。当存在多辆如图 2.5 所示的配置了无人

机的卡车时，FSTSP 扩展为考虑无人机的车辆路径问题（VRP-D）。
图 2.7 描述了 VRP-D 的一个示例，实线代表卡车路线，虚线表示
无人机路线，正方形表示仓库，实心圆点代表只能由卡车配送的客
户结点，空心圆点表示卡车或无人机均可配送的客户结点，三角形
对应方案中最终由无人机配送的客户结点。

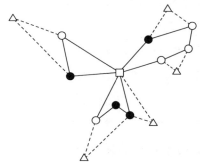

图 2.7　VRP-D 的示例

　　首先，关于问题求解算法的选择。选用了人工蜂群（ABC）算
法，并给出了选用该算法的理由：该算法已成功用于 TSP（旅行
商问题）和车辆路径问题（VRP）的优化求解，具有较强优势；而
VRP-D 与 VRP 具有较多相似之处，ABC 在求解 VRP-D 方面具有
潜在优势。

　　其次，探讨 ABC 算法的新机制。ABC 具有两个蜂群：雇佣蜂
群和跟随蜂群。通常，在初始化阶段，确定这两个蜂群；在后续
搜索过程中，两者的分工保持不变。基于这一特点，采用逆向思
维，提出了一种蜂群动态确定的方法。该方法针对两个蜂群，给出
了相应蜂群质量评价策略，然后根据评价结果动态确定哪个蜂群
是雇佣蜂群，哪个蜂群是跟随蜂群。正因为两个蜂群不是固定的，

而是在搜索过程中动态确定的,才将新方法命名为动态人工蜂群(DABC)算法。

分析蜂群动态确定的理由:雇佣蜂群执行雇佣蜂阶段,跟随蜂群执行跟随蜂阶段,两个阶段搜索方式各异;两种蜂群动态确定,将导致两个阶段动态运用两个蜂群,比如,这一代蜂群 1 执行雇佣蜂阶段、蜂群 2 执行跟随蜂阶段,下一代可能反过来,或者保持不变,从而提高算法效率。

最后,给出新机制的具体实现过程,包括蜂群质量评价、蜂群动态确定、雇佣蜂阶段、跟随蜂阶段。采用发散思维方式,确定多种蜂群质量评价策略,以及蜂群动态确定的方法,比如,评价质量高的蜂群为雇佣蜂群,低的为跟随蜂群。

通常,ABC 的两个阶段的搜索策略一样,让两个阶段搜索策略各异,有助于避免算法陷入局部最优。如何让两个阶段搜索策略各异?先确定雇佣蜂阶段搜索策略,再给出一种不同于雇佣蜂阶段的搜索策略,用在跟随蜂阶段即可。

既然 ABC 用来求解 VRP-D,将问题的特点结合到算法过程中,将提高算法搜索效率,为此,提出了 15 种邻域结构,构造了一个变邻域下降(VND)算法。两个阶段都使用 VND,只是使用方式不一样,这样也能体现搜索策略的差异性。

从上述研究思路思考过程可以看出,在现有算法结构基础上构造新算法,要根据现有算法结构的特点,反向思考,逆向思维。比如,常规 ABC 具有两个蜂群,固定为雇佣蜂群和跟随蜂群,而 DABC 则突破这一特点,让其两个蜂群不再固定为雇佣蜂群和跟随蜂群,而是在搜索过程中动态确定;常规 ABC 两个阶段的搜索策略在各阶段是一样的,而在 DABC 中,两个阶段的策略各异。当然，逆向思维的结果一定要有充足的理由支撑。

理工科生在设计研究思路时，应先想办法获取足够多的创新点。缺乏创新点，研究工作就是无效、重复性工作，自然就没有进行下去的必要。只有集齐了令自己和导师眼前一亮的创新点，且具有前述几个特点，研究思路才可能是有效的。要牢记，与现有工作相似的东西都不是创新点，而同一想法，若采用全新的实现策略，却是创新点。

比如，同样是确定蜂群 1 和蜂群 2 哪个是雇佣蜂群、哪个是跟随蜂群，评价指标可以不同，可比较从两个蜂群中挑出来的解之间的优劣，或给出评价公式；确定哪个蜂群是雇佣蜂群时，可以是评价值大的是雇佣蜂群、小的是跟随蜂群，若两个蜂群平均值一样，则随机选择；或者当两个群的平均值之差的绝对值超过阈值，则大的是雇佣蜂群、小的是跟随蜂群，否则，随机选择。

## 2）控制问题

无人机在许多场景和应用（如工业检查、农业监测和救灾救援等）中发挥重要作用，而飞行作业机器人是配置了机械手的无人机，它扩展了无人机的应用领域。全面分析飞行作业机器人动态抓取物体过程可发现，稳定的控制系统和机械手末端的高精度控制是整个抓取控制的关键，而机械手抓取物体时，机械臂与物体之间的瞬时接触力会严重影响飞行作业机器人动态抓取的瞬态稳定性。而且在动态抓取过程中，机械臂末端与物体的接触时刻需要快速的瞬态响应和较大的控制力矩，使得在无人机和机械臂的联合控制中可能存在输入饱和问题。

以上就是关于配置了机械手的飞行作业机器人动态抓取时，面临的控制要求和控制难度。围绕上述控制要求和控制难度，采取如下思路进行研究：

首先，考虑到机械臂与物体之间的瞬时接触力是扰动的主要因素，结合抓取时机械臂对无人机体产生外部干扰，并假定欧拉角的范围等因素，建立飞行作业机器人系统动力学模型。由于冲量定理可应用于动态抓取过程，考虑到动态抓取时接触时间较短，假设仅广义速度和广义加速度发生突变，在此基础上，建立瞬时接触力模型。

其次，寻找适合飞行作业机器人动态抓取的控制方式。现有研究表明，非奇异终端滑模控制具有高精度和有限时间强收敛性，能有效控制飞行作业机器人接触瞬态稳定性；而针对抓取过程中容易出现的输入饱和，可设计辅助系统补偿饱和误差，减弱动态抓取时接触对飞行作业机器人系统的扰动。

最后，设计终端滑模控制器，包括控制器结构框图、控制输入饱和函数和非奇异终端滑模的定义、整个控制系统的稳定性证明等。

从上述思路可以发现，无论是控制问题，还是优化问题，在设计研究思路时，首先，要弄清楚研究对象的特点，比如控制对象的控制要求和难度、优化问题的复杂性等；然后，紧密结合研究对象的特点，思考并确定论文的主要创新点，同时结合理论推导等方式，确定每条创新点的理由是否成立，逻辑是否自洽等。

理工科生在设计研究思路时，可能会遇到如下情形：思考陷入停滞，研究没有进展，而同课题组的其他同学已经完成研究思路设计，进入实验或理论验证阶段，因此焦虑情绪可能会冒出来，让本就捉襟见肘、严重透支的创新动能难以为继。

　　面对这种情况，首先，应调整好心态，保持冷静，寻找研究停滞的原因。如果是前期投入时间不够，态度不认真，则积极改变自己，沉下心来，埋头干工作；如果思维方式有问题，思路未打开，则多多了解创造思维的原理和技法，从小的创意开始，逐步积累；如果是文献查阅不充分，前期研究不够深入，未发现所得创新点是假的，不成立的，则重新思考。

　　其次，全面了解研究问题相关的背景知识、专业基础，对研究问题和相关背景有彻底而清晰的认识；坚持勤加思考，勇于尝试，即使多次失败，也不放弃，念兹在兹，总能找到令人满意的解决方案。

　　最后，如果独立思考时遇到困难，应积极主动与他人沟通，向导师和同领域的老师请教，向师兄师姐们学习，集思广益，不能封闭自己，也不能放弃。科研之路本就曲折蜿蜒，在研究毫无进展、焦虑的情绪涌来时，可以适当给自己放个假，调整心情，梳理凌乱的思路。一旦走出困境，拿出满意的研究思路，接下来就是验证时刻。

## 2.5　理论、实验或试验验证 》

　　研究思路只是一个设想、假说，要想让其变成合理有效的理论、方法、研究结果，验证这一关必不可少。研究思路背后理由成立，逻辑自洽，并不能证明其合理性和有效性，也无法确定相对于现有工作的优势与不足。一个好的研究思路的获取从来都不是一帆风顺的，唯有通过验证，才能找到研究思路的不足，进行研究思路的完善、调整和修改，可能要经过多次的验证和修改，最终的研究思路才具有足够高的创新性。

## 1）理论验证

理论验证用来确认研究思路的某种特性。比如，控制系统的稳定性，算法的收敛性；或者给出理论证明，说明提出的定理或结论是正确的。比如，数学论文中各种定理的证明；或者是实验或试验结果的理论分析，找出相应的规律。比如，为研究新型桥面板的受力特性，首先实施试验研究，包括试验方案设计、试验结果与分析，然后对试验结果进行理论分析，得出承载力公式。

下面描述一个理论验证的例子。作为最早提出的智能优化算法，遗传算法于 1975 年由 John Holland 教授提出。1985 年第一届遗传算法国际会议召开；1989 年遗传算法的专著 *Genetic Algorithms in Search, Optimization, and Machine Learning* 出版，对遗传算法设计与应用进行了全面论述。尽管遗传算法当时的应用很成功，但其基础理论如收敛性理论进展不大，直到 2000 年前后，西安交通大学教授、中国科学院院士徐宗本及其团队成员开展了一系列关于遗传算法收敛性的工作，给了如下研究结果：标准遗传算法不能保证具有概率收敛性，而精英保留策略遗传算法依概率收敛到最优解，所谓精英保留指将算法搜索过程中产生的最好解保留下来；然后应用马尔可夫链理论通过理论推导证明上述研究结果是正确的。

## 2）实验或试验验证

实验验证往往是在实验平台上或实验环境下对研究思路的具体实现，以确定研究思路能否达到预期效果，或与现有工作相比，是否具有足够强大的优势等。只有达到预期效果或者具有明显的优势，研究思路的合理性和有效性才得到证实。

进行实验验证时，需确定实验类型、实验环境、实验目的。理工科研究经常使用的实验有利用仿真软件进行的仿真实验、实验平台上的实验、真实场景下的实物实验等。实验环境有仿真软件 MATLAB、Proteus、ANSYS 等，动态系统和控制系统设计经常用到的 MATLAB 模块 Simulink，根据实验要求而搭建的实验平台，其组成和参数设置在实验之前应设计和调试好，既有实物的实验平台，也有虚拟实验平台。实验目的包括检验研究思路能否达到预期效果、明确研究思路的优势、验证理论研究的正确性等，比如，采用计算机语言如 C++ 对所提出的新算法进行编程，然后比较新算法与现有算法之间的性能差异。

采用不同的研究思路，所进行的实验可能千差万别。比如，永磁球形电机的转子姿态检测算法的实验验证，整个实验验证包括实验平台设计、不同检测算法的偏转角精度对比分析、不同检测算法的自旋角精度对比分析、偏航角精度对比分析；而飞行作业机器人动态抓取的非奇异终端滑模控制，其实验验证包括仿真结果与分析、实验结果与分析，其中实验结果与分析包括实验平台与参数设置、瞬时接触下的稳定性实验、实验结果分析。若研究多变量时间序列预测算法、生产调度方法，则实验验证包括实验数据集选择、对比算法、评价指标、参数设置实验、对比实验等。

实验也是检验理论和假说是否正确的唯一准绳，理论性研究思路只有通过实验验证，才能得到公认。科学史上典型的例子是宇称不守恒定律的实验研究。

宇称是描述粒子在空间反演下变换性质的相乘性量子数，引记为 P。在 1956 年之前的物理界，宇称守恒定律是微观世界被全世界科学家公认的金科玉律，无人相信宇称会在弱相互作用中不守恒，李政道也不相信，但"$\theta$-$\tau$"之谜令当时的物理学家困惑，难以解释，李政道和杨振宁也被它所吸引。所谓"$\theta$-$\tau$"之谜，指 $\theta$ 介子和 $\tau$ 介子的发现，$\tau$ 衰变为 3 个 $\pi$ 介子，$\theta$ 衰变为 2 个 $\pi$ 介子，$\pi$ 介子的宇称为负，$2\pi$ 状态的宇称应为正，$3\pi$ 状态的宇称应为负。如果宇称守恒，则 $\tau$ 应为负宇称状态，$\theta$ 为正宇称状态，不可能是相同粒子，而实验测得两种粒子质量、寿命完全一样。

1956 年 4 月，李政道和杨振宁发表了论文《弱相互作用中的宇称守恒问题》，提出了宇称不守恒定律。这是一个全新的物理假说，当时杨振宁和李政道两人对假说是否成立，没有十足的把握。

1957 年春，美国新闻媒体报道了李政道和杨振宁关于弱相互作用中宇称可能不守恒的理论预言首次被吴健雄的实验所验证。自从吴健雄的实验发表后，世界上许多实验室接二连三做了不同实验，都确凿地证明了一个事实：宇称在弱相互作用过程中确实不守恒。一则科学发现，引发了连续数月的新闻报道，而几个月的高效实验，使得科学上的这一重大发现快速地得到公认，以至于诺贝尔奖委员会当年就把物理奖授予杨振宁和李政道。如此快速地获奖，在诺贝尔奖历史上也是前所未有的。

实验验证应遵循如下原则：

（1）科学可行原则。实验目的要明确，实验原理要正确，实验材料和实验手段的选择要恰当，从实验实施到实验结果产生，都实际可行。

（2）重复性原则。任何实验都能重复进行，得到稳定可靠的实验结果。实验需要通过重复性来验证其结果的可靠性。如果一个实验只做了一次，那么这个实验的结果就可能是偶然发生的。通过重复实验，才能确定这个结果是否是真的。比如，一个新算法，仅仅使用少量几个测试实例，无法看出其优势，只有针对大量的测试实例，进行完备且充分的实验，才能得出可靠且可信的结论。

对实验结果根据评估指标进行归纳和分析。理工科不同专业的实验结果评估指标各异。比如，在人工智能领域，经常采用均方误差、平均绝对误差，或运用识别率、精度、召回率衡量图像识别的效果优劣；对于多目标智能优化，则有一套成熟的评估指标来评价算法所产生的非劣解集的收敛性、均匀性、分布性。除了客观评估指标外，直接用图呈现实验结果，比如用控制效果图（如姿态控制误差图、位置误差图、姿态误差图等）。在这种情况下，结果往往依赖研究者的主观评价。

实验验证主要是针对已有的研究思路、假说，通过实验来表明研究思路合理有效、具有极大优势、假说成立等。而试验往往指依据已有的标准（如国际标准）去验证产品或零部件或材料是否达标，比如型式试验。在土木工程等专业的研究中，存在一类通过设计试验方案，分析试验结果，发现特定规律、机理、特性的研究。在这类研究中，研究结果来自试验结果的分析与总结，显然，最终获得的研究结果也能通过试验验证。

理工科学术论文所需要的各种主料、辅料、作料——全新的研究问题、创造性的研究思路、完备且充分的实验结果已准备齐全，下一步就是如何组织准确且富有逻辑性的语言、运用生动显示结果的图表依次完成理工科论文的五大要素。

第 3 章

# 搞定五大要素，写好理工科论文

理工科论文，无论是期刊论文，还是学位论文，都有五大要素：**题目、摘要、研究动机、研究结果、研究结论**。题目和摘要直接决定审稿人或理工科生对论文的第一印象。一篇好的理工科论文，作者应清楚准确地描述研究的初衷和动机，并强调研究工作的价值。研究结果是论文的核心，应具有较强的创新性，并在论文撰写时突出其创新性。研究结论是对论文整体的概括和总结。

理工科论文是一个完整的文本，如何将彼此独立的五大要素组织成逻辑性强的完整文本，取决于论文结构。

## 3.1 不同类型的论文结构 》

论文结构服务于论文的五大要素，良好的论文结构有助于读者更好地理解论文的五大要素。理工科学位论文和期刊论文都具有五大要素，但它们的结构存在一定差异，即将五大要素连接起来，成为完整文本的顺序和方式等有所不同。

## 3.1.1 期刊论文结构

理工科期刊论文主要由**题目、作者署名、摘要、关键词、正文、结论和参考文献**组成。无论是综述论文，还是研究论文，都由这七部分组成，但这两类论文存在结构差异。下面具体描述这两类论文的结构和结构差异。

### 1）综述论文结构

综述论文的题目通常有"研究进展""研究综述"等词，其作者针对某一具体研究主题（如疲劳驾驶监测技术），通过搜集过去一段时间（如五年）的研究成果（如论文），搞清楚研究者过去做了哪些工作、做得如何，然后指出研究者未来还能做哪些工作，以及为什么做这些工作。

综述论文看似很容易写，找一堆相关论文，对其分类后，依次描述、评价和分析每类论文，最后来个总结和展望。理工科生常有写综述论文的冲动，但往往是记账式综述。只有在学术江湖叱咤风云好多年的大佬们，才能写好综述论文。好的综述论文具有独特见解，具备前瞻性和引领性，通常能引领未来 5 ～ 10 年的研究，也能让理工科生尽快了解自己研究方向或主题的研究现状，弄清楚哪些工作已经成熟、哪些工作研究进展不大，明确未来研究趋势，从而有助于理工科生确定研究主题或问题。

综述论文的结构相对比较固定，不同期刊综述论文的结构类似。第 1 节多为引言，往往描述研究主题，以及为什么对该主题的研究文献进行综述；接下来，对研究文献进行分类，分成 A、B、C 等方面，由分类结果决定相关节的数量和每一节的标题（如 A 方面研究进展），每一节内的各小节也根据相关文献的细分依据而定。结论主要用来对现有成果进行分析，对未来研究进行展望；通常需从多个方面进行展望，明确指出哪些主题是未来研究的重点。

　　以《疲劳驾驶监测技术研究综述》为例，图 3.1 描述了该论文的结构。在引言部分，作者指出疲劳驾驶是交通肇事致人死亡数量最多的因素之一，陈述疲劳驾驶的定义与危害，说明疲劳驾驶监测的价值与意义。作者搜集了疲劳驾驶监测方法、疲劳驾驶监测技术在车辆上的应用两方面文献，并用两节分别描述这两方面文献，一节对应一个方面。在"疲劳驾驶监测方法研究进展"这一节，作者将疲劳驾驶监测方法划分为 3 类，包括基于生理指标如脑电信号的监测方法、基于驾驶操作参数如驾驶姿态的监测方法、基于驾驶员身体特征如眼睛闭合时间的监测方法，并将这一节细分为 3 个小节，一个小节对应一类监测方法。结论部分包括两节，其中一节是针对现有研究存在的问题和未来研究趋势，另一节为展望。

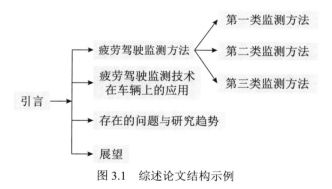

图 3.1　综述论文结构示例

## 2）研究论文结构

研究论文主要针对 3 个疑问：

- 为什么针对研究问题开展工作？

- 怎样解决研究问题？

- 所提解决方案的优势何在？

第一个疑问的重点是突出研究问题的价值，理论价值和现实价值都可以，例如监测好驾驶员疲劳状态可降低交通事故发生概率；第二个疑问的难点在于创新，必须是现有研究未使用或现有工作不存在的新理论、新方法、新原理、新技术，而不是对现有成果进行简单堆砌；第三个疑问的关键是呈现足够多的实验结果，并做好结果分析。

研究论文结构取决于研究内容。研究内容不同，结构也会不同。

若研究内容为纯理论探讨，则正文往往以理论推导为主，实验较少甚至没有。数学家陈景润关于哥德巴赫猜想的论文以各种引理和定理的证明为主，没有任何实验。以实验研究为主的论文，其正文则由引言、实验方法或实验方案设计、实验结果与讨论等组成。

若研究内容是关于某个研究问题的高效解决方案，则相应的研究论文引言之后各节通常是研究问题描述、问题的解决方案、实验及结果分析、结论等，各部分具体描述如下：

引言介绍相关研究现状，并重点解答第一个疑问。

研究问题应该是具有一定挑战性且吸引人的问题。以机场航班时刻优化为例，该问题是确定一天内一个或多个机场各航班起飞和降落时刻的优化问题，需要考虑跑道、进港点和入港点的数量以及各种约束如跑道容量。如果是普通机场，每天航班数量非常有限，靠人工就能安排好，就没必要研究；如果是枢纽机场，每天的航班有几百上千次，问题的求解难度呈指数级增长，具有挑战性，相关研究就有价值，从而吸引更多人关注。

解决方案与实验及结果分析分别解答第二个和第三个疑问。

结论也谈未来的研究主题或问题，但往往只描述作者未来想做的那一部分，篇幅不必像综述论文的展望那样长。

图 3.2 比较了综述论文与研究论文的结构差异。研究论文可根据需要增加案例研究、实际应用等节，而综述论文通常没有实验结果与分析。

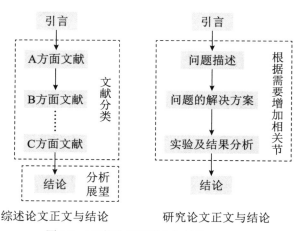

图 3.2　两类论文的正文与结论

不同期刊研究论文的结构各异。有的期刊规定研究论文各节的标题固定，比如，《化学学报》规定研究论文正文和结论的各节为引言、结果与讨论、结论、实验部分，并明确要求结果与讨论位于引言之后。大多数期刊没有像《化学学报》这样要求作者统一各节的标题，只是对论文各个部分提出一些具体要求。比如，《计算机学报》要求研究论文的文献综述部分与引言分离，应有对比实验、实验系统验证或理论验证，有与相关研究的对比及分析，关键词为

5 ～ 7 个，英文摘要为 500 字左右等。所有期刊都允许作者根据需要灵活设置小节及其标题。

假设写一篇题目为"枢纽机场航班时刻优化方法"的论文。图 3.3 描述了该论文的正文与结论。引言主要描述航班时刻优化的相关工作、为什么研究航班时刻优化，以及为什么研究新方法。由于航班时刻优化模型由目标函数、决策变量和约束条件等组成，可设置 3 个小节，每个小节对应模型的一部分。第 3 节为模型求解新方法，第 4 节为对比实验，将现有方法与新方法进行对比，最后得出结论。

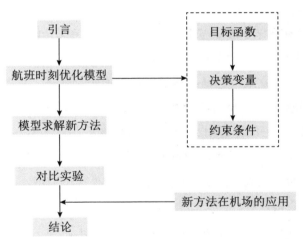

图 3.3　"枢纽机场航班时刻优化方法"论文的主要部分

这种结构中，节与节之间有较强的逻辑性。只有给出了模型，才能对模型进行求解；为了验证模型求解方法的优劣，才要进行对比实验；只有通过对比实验验证了新方法的优势，才能让新方法在某个机场进行实际应用。

如果拟投期刊给出的各节标题要固定为引言、材料与方法、结果、讨论、结论，则模型和模型求解都得放到第 2 节，实验及结果在第 3 节，第 4 节为结果分析与讨论，第 5 节为结论。

### 3）如何让论文结构符合期刊要求？

通常，每一篇期刊论文在结构上都应满足期刊要求，不然期刊不会接受论文的发表。

理工科生可采取如下五项措施让论文结构符合期刊要求：

- 认真阅读期刊的投稿指南
- 参考最近一两年发表在拟投期刊上同一研究方向的论文
- 注意各种细节
- 确保各节、各小节和各段之间的逻辑关系清晰合理
- 突出论文工作的创新性

常见的论文细节包括：结构完整，不要有遗漏；节和小节安排合理；通常不要出现四级标题如 2.2.1.3，2 级标题如 2.2 的小节数不宜超过 5，三级标题如 2.2.1 的小节数也不宜超过 5；各节和各小节标题的字数不宜过多，通常不要超过 20 个字；避免同一级的小节间篇幅相差过大；禁止出现只有一个自然段的节或小节，以及错别字、语法错误等。

逻辑性和创新性是所有期刊对论文的要求。为了做到论文各部分之间的逻辑性强，可参考相似文献，关键是理顺各部分之间的逻辑关系，而突出创新性的关键是在论文各部分说明新理论、新方法等新在哪里，采用新理论、新方法的好处等，不仅在摘要和结论里面讲，在引言、问题的解决方案、实验及结果分析等节也要讲，只是各处讲创新性的方式要有差异，不能简单复制粘贴，否则会令读者生厌。以航班时刻优化为例，第 3 节重点阐述新方法新在哪里、

为什么这样做，第 4 节则分析新方法的各部分如何有效结合，从而导致它的实验结果优于其他方法。

## 3.1.2　学位论文结构

学位论文是为了拿到学位而写的论文，主要包括：

- 学士学位论文
- 硕士学位论文
- 博士学位论文

理工科学士学位论文通常在本科最后一个学期，由指导老师指定一个题目、主要内容、主要任务与要求，由学生在老师指导下完成。由于本科毕业设计和毕业论文的时间往往为 4 个月左右，且本科生缺乏系统科研训练，高校通常未对学士学位论文的创新性做明确要求。

与学士学位论文不同，硕士、博士学位论文是令理工科硕士生、博士生担心和牵肠挂肚的环节，必须有创新性见解或研究成果，通过盲审后才能答辩，答辩通过后才能取得相应的硕士、博士学位。学位论文未通过盲审，硕士生和博士生将延期毕业，甚至无法毕业。

三类学位论文都由**题目、作者和导师信息、摘要、目录、正文、总结与展望、致谢、参考文献**等组成。由于硕士、博士学位论文往往涉及多个研究问题的相关成果，没有良好的结构，相应的学位论文只是一些已发表期刊或会议论文的堆砌，会显著影响盲审专家的评分，而学士学位论文可参考硕博学位论文，下面主要介绍硕士、博士学位论文结构。

## 1）硕士学位论文结构

硕士学位论文应表明作者对所研究的主题或问题具有新的见解。大多数高校规定，理工科硕士生需发表 EI 检索的会议论文或核心期刊论文 1 篇、学位论文篇幅满足既定要求如 3 万字且查重比例低于既定水平，才能申请答辩。为了满足以上 3 方面要求，硕士学位论文的正文部分至少包括五章，第 1 章为绪论，最后一章为总结与展望，中间几章则根据论文工作有两种情形。图 3.4 描述了硕士学位论文的两种结构。

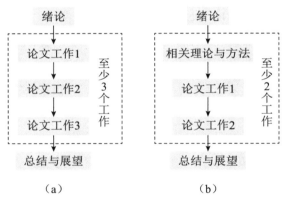

图 3.4　硕士论文结构与示例

如图 3.4 所示，绪论部分阐述为什么要做论文相关的研究工作，通常包括几节，如表 3.1 所示，而最后 1 章要对全文的主要工作与创新点进行总结，并对作者未来打算做的研究进行展望。中间几章的区别在于是否描述完成论文工作所需的重要理论与方法。论文的 2～3 个研究工作之间应该有清晰的逻辑关系。若论文研究永磁同步电机的新型控制系统，则三个研究工作可以是电机建模、控制策略及仿真、控制系统设计。电机控制策略建立在电机数学模型基础上，有了控制策略，才能设计相应的控制系统。

表 3.1　绪论各节及其作用

| 1.1 课题来源 | 说明论文的课题如国家自然科学基金项目等 |
| --- | --- |
| 1.2 研究背景与意义 | 阐述论文研究的理论或现实价值，即所谓选题意义 |
| 1.3 国内外研究现状 | 针对论文研究主题或问题的文献综述，不能泛泛综述 |
| 1.4 存在的问题与不足 | 分析论文研究主题或问题研究存在的问题与不足，通过分析得到结论：有必要完成论文相关研究工作 |
| 1.5 主要内容与章节安排 | 用一个大图清楚地描述各章节间的逻辑性 |

以硕士论文《基于人工蜂群算法的卡车无人机协同路径优化问题研究》为例，该论文研究两种卡车与无人机协同优化问题：带无人机的旅行商问题（TSP-D）和带无人机的车辆路径问题（VRP-D）。绪论中，研究背景与意义用来说明研究现实价值如提高物流配送的效率；国内外研究现状则主要针对论文研究的两类问题开展文献综述，而不对与论文研究无关的其他问题（如一辆卡车与多台无人机协同工作的问题）进行文献综述；通过对存在的问题与不足的分析，得出结论，即要加强对两类问题的研究；然后描述论文内容和章节安排。由于论文运用智能优化算法如人工蜂群算法求解问题，第 2 章则重点介绍人工蜂群算法的原理与步骤。第 3 章围绕 TSP-D，即单辆卡车配置一架无人机的问题。第 4 章则针对 VRP-D 即配备了无人机的多辆卡车路径问题。两章内容具有逻辑递进关系。

## 2）博士学位论文结构

在中国，博士最早是官名，在战国、秦朝和汉朝，博士负责管理文献档案、编撰著述、掌通古今、传授学问和培养人才等。汉武帝设五经博士，博士为专门传授儒家经学的学官。汉朝的贾谊和董仲舒都是博士。在秦汉时期，能当博士的人屈指可数，秦始皇设置博士 70 人，汉朝只有 10 人左右。博士后来又指精通某项技艺的人，如茶博士等。博士作为学位，是个舶来品，来自欧美。中华人民共和国成立后，第一次在 1983 年授予 18 人博士学位。

博士学位是我国的最高学位，博士的毕业去向以高校、研究院所和企业的研发部门为主，所从事的工作仍以科研为主，是我国科研事业的主力军。国家和高校非常重视博士培养质量，对博士学位论文的要求明显高于硕士学位论文。通常，博士学位论文应具有重要的实用价值或理论意义，应表明作者具有独立从事科学研究工作的能力，在科学或专门技术上做出创造性的成果，是一篇系统、完整的学术论文。

博士培养单位（如高校）也会规定相关的理工科博士毕业答辩的条件，包括发表 2 篇及以上的 SCI 检索期刊论文或顶会论文、学位论文篇幅满足既定要求（如 5 万字），以及比硕士论文更低的查重比例。顶会论文只对部分专业如计算机或人工智能适用。这些条件只是可以参加盲审、预答辩和答辩的最低条件，为了顺利走完从盲审到答辩的流程，理工科博士生通常要发表比规定条件数量更多且质量更高的期刊论文。

博士学位论文不是所发表期刊或顶会论文的堆砌，必须具有系统、完整且充满逻辑性的结构。博士学位论文结构与图 4.4 所示的硕士学位论文结构类似，只是与硕士学位论文相比，博士学位论文所具有的创新性成果的数量更多、质量更高，通常应包括至少四个方面的具有较高学术水平的研究工作，全文至少包含六章，而且研究工作之间要有清晰合理的逻辑关系。此外，博士论文题目应来自前沿性课题，是学术研究的热点或焦点。

若博士学位论文也研究永磁电机控制系统，则应围绕某种新型电机，且该电机在实际生产或工程领域应用广泛。比如，混合励磁轴向磁场磁通切换永磁电机，该电机在电动汽车上应用广泛。论文工作包括电机结构与数学模型、矢量控制、最优效率控制、直接转矩控制、控制系统软硬件设计等五个方面。电机结构和模型是基础，设计三种新型控制策略后，才能搭建相应控制系统的软件和硬件。

同样，如果博士论文以卡车无人机协同路径优化问题为研究对象，该问题在普通车辆运输基础上增加无人机运输，是在无人机运输越来越普遍的情况下出现的新问题，可在前述两个确定性优化问题的基础上，增加随机环境下卡车无人机协同优化问题、应用验证等，这样从单卡车问题、多卡车问题发展到随机多卡车问题，从理论过渡到应用，整个论文具有完整的结构。

### 3）怎样的结构能在盲审中为论文加分？

盲审是令大多数硕士生和博士生害怕的一环。一篇硕士、博士论文会送到 2～5 位评审专家手上。通常，大部分硕士生的学位论文由学院组织 2～3 名校外专家评审，少数幸运儿如新导师招的第一个硕士生的学位论文将由研究生院委托教育部学位中心组织评审。博士论文盲审通常需要 5 位专家，其中 3 位校外专家由研究生院委托教育部学位中心找，校内专家由学院确定。

每位评审专家给出的盲审成绩必须达到或超过规定分数（如75 分），才能进行学位论文答辩，一旦有一份盲审成绩在 60 分与 74 分之间，学位论文将延迟一定时间（如一个月）答辩，若有低于 60 分的盲审成绩，则直接延期 3 个月甚至更长时间。盲审成绩仅仅达到规定分数，只具备答辩资格，但无法保证能拿到学位，因为学院和学校两级学位评定委员会开会讨论学位授予时，盲审成绩过低的研究生将难逃委员们的特别关注，往往难以顺利拿到学位。因此，获得较高的盲审成绩是硕士、博士学位论文答辩的前提，也是顺利获得学位的关键。

那怎样的硕士、博士学位论文结构有助于获得较高的盲审成绩？

- 论文题目新颖、有特色、研究价值高
- 论文结构完整，各章节之间逻辑性强，研究工作学术水平高
- 完美避开了规范性差等低级错误，以及创新性不足等致命错误

评审专家看到硕士论文题目，发现题目陈旧、无研究必要，会默默地将盲审成绩定格在 60 分与 74 分之间，阅读论文后，若能发现一些亮点，如排版漂亮、结构完整，一些专家会调高盲审成绩，让论文通过；而严格的专家可能会坚持不让过。博士论文题目不太可能比较陈旧且研究价值低，不然根本走不到盲审这一步，但新不意味着有特色，特色指自己的工作与现有工作存在明显的差别。以控制策略为例，若论文研究基于模型和数据的控制策略，将明显不同于基于模型的控制研究和基于数据的控制研究。题目无特色，往往意味着题目过大过泛，会拉低盲审成绩。

硕士、博士学位论文不是几篇期刊或会议论文的简单拼凑，为此，导师或研究生应该提前确定学位论文主题或初始题目，然后根据题目或主题进行相关研究工作，让依次进行的多个研究工作之间具有清晰的逻辑关系，而不是在写硕士、博士论文时，强行在已发表的论文间找逻辑关系。此外，学位论文有影响因子高的期刊论文，甚至顶刊论文做支撑，容易博得专家的好感。

规范性做得好的学位论文章节安排合理、图表清晰、文字大小协调、没有错别字和语法错误等。低级错误是论文的硬伤，一旦拥有，专家打了低分，可能连申诉的机会都没有。创新性不足在硕士学位论文评语中出现较多，博士学位论文研究成果若都发表在影响因子较低或者有污点的期刊上，也容易让评审专家觉得创新性不足。

## 3.2　题目与摘要 »

题目是论文的缩影和代表，而摘要介于题目和正文之间，是论文题目适度具体化后得到的短文，是对论文创新性成果进行提炼和浓缩后，总结的关于研究目的、方法、结果和结论不加评论和解释的一段或多段文字。无论是期刊论文，还是学位论文，题目和摘要都是写作的重点，而且两类论文的题目与摘要既有共性，又有区别，需要分开描述。

### 3.2.1　期刊论文题目与摘要

当理工科生在中国知网等数据库搜索期刊论文时，最先映入眼帘的是论文题目。面对搜索所得的几十上百篇论文,那些新颖、准确、精练的题目才能吸引理工科生进入论文下载页面。在期刊邀请审稿人越来越困难的今天,审稿人往往通过论文题目来判定论文内容是否有吸引力,从而决定是否付出时间进行论文审稿,因此,题目是期刊论文的第一要素。

题目应以最恰当、最简明词语的逻辑组合来反映论文的特定内容。对题目的具体要求如下:准确、精练、易读;为了便于在相关学术数据库如 EI 数据库检索,题目中应包含关键词;通常,不得使用不常见或同行不熟悉的外来语、缩写词、符号、代号和商品名称,尽可能不出现数学公式、化学式;中文题名一般不宜超过20 字,英文题名应与中文题名含义一致,一般以不超过 10 个实词为宜。

袁隆平院士的论文《水稻的雄性不孕性》的主要工作从题目就可窥见一二。期刊论文《飞行作业机器人动态抓取的非奇异终端滑模控制》,其题目清楚地交代了研究对象为飞行作业机器人,论文是关于该机器人动态抓取时的控制问题,给出了非奇异终端滑模控制策略,对应的英文题目为 "Terminal sliding mode adaptive control for unmanned aerial manipulator in gliding grasping"。期刊综述论文题目相对简单,如软件跟踪链自动化技术研究综述,显然是对软件跟踪链自动化创建、维护和验证等方面研究进展的梳理和总结。

摘要是对论文内容不加注释和评论的简短陈述,目的是让审稿人和理工科生尽快了解期刊论文的主要内容。摘要应该集中呈现论文的创新性成果,即所谓创新点;不是创新点的常规知识、策略和原理等不能出现在摘要中。要将论文的创新性工作提炼、浓缩为几个句子,成为摘要的主要部分,让理工科生和审稿人阅读这几个句子时，感受到新意。

通常，期刊论文摘要具有独立性，是一篇完整的短文，包括如下几个内容：

- 必要的背景介绍
- 研究目的
- 研究方法
- 研究结果
- 研究结论

背景介绍可根据需要添加，放在摘要开头部分，主要用来简要交代或描述研究背景和动机。大多数理工科中文期刊不要求介绍背景，理工科 SCI 英文期刊通常允许作者根据需要增加背景介绍。

研究目的指从事论文研究的初衷，比如研究某种物质的受力或化学特性。如果没有背景介绍，则摘要开头的一两句用来描述研究目的。

研究方法包括实验法、观察法、定性分析法和定量分析法等。通常，研究方法往往隐含在"仿真与实验结果表明""通过一个实例验证了方法的有效性和实用性""运用大量实例进行计算实验，实验结果表明""The proposed algorithm is evaluated with a suite of test problems with 2–10 objectives and 200–1000 variables"等句子中。从这些句子可看出，该论文采用了实验法、个案研究法、定性分析法或定量分析法等。

研究结果就是论文创新点，包括新理论、新模型、新方法等。摘要最后部分是研究结论，往往根据实验结果与分析而得出，与研究目的相互呼应，用来验证或说明达成了研究目的。研究结果和结论是摘要的重要部分，占据摘要的大部分篇幅。

期刊论文《飞行作业机器人动态抓取的非奇异终端滑模控制》的摘要如表 3.2 所示。从表 3.2 可以看出，摘要的主要部分是研究结果与结论。

表 3.2　期刊论文摘要示例

| 组成部分 | 示　例 |
| --- | --- |
| 背景介绍 | 飞行作业机器人是指搭载主动作业机构拥有与环境进行物理交互能力的一类新型机器人系统 |
| 研究目的 | 针对飞行作业机器人在动态抓取时的稳定控制难题 |
| 研究结果 | 设计了一种非奇异终端滑模控制器，通过设计辅助系统提升飞行作业机器人在面向不确定接触力时的抗扰动性能。利用牛顿－欧拉方法对飞行作业机器人进行动力学整体建模。考虑到机载机械臂末端与物体之间的瞬时接触力是抓取时的主要干扰源，利用冲量定理建立接触力的动力学模型，提高了飞行作业机器人动态抓取时的建模精度。为降低动态抓取时剧烈扰动对飞行控制性能的影响，在控制器中设计辅助系统补偿可能出现的输入饱和问题，加强了处理瞬时扰动的能力。通过 Lyapunov（李雅普诺夫）理论给出了稳定性证明 |
| 研究方法 | 仿真实验，结果分析 |
| 结论 | 提出的方法在飞行作业机器人动态抓取过程中具有更强的稳定性和更快响应的优势 |

期刊都要求摘要具体明确、语言精练、完整、可读性和逻辑性强。对摘要的字数给出具体规定，如中文摘要为 100 ～ 300 字，英文摘要为 300 ～ 500 字；不应有图、表、数学公式和化学结构式；不得使用非常规的符号和术语；不用引文，除非该论文是专门针对他人已发表工作的证实或否定；采用第三人称；缩略语、略称、代号，除了其他专业的读者也能清楚理解的那些之外，在首次出现时须加以说明等；英文摘要一般用被动语态，以一般现在时或一般过去时为宜，英文摘要应符合英文语法，句型力求简单顺畅。

虽然题目和摘要是审稿人或理工科生最先看到的两个要素，但是在撰写期刊论文时，题目和摘要往往不是最先确定并描述的两个要素，可能在文献综述和研究动机分析完成后，作者对已有研究的不足了然于胸，对自己工作的创新性提炼到位，才能确定题目，写出较高水平的摘要。

## 3.2.2　学位论文题目与摘要

同一个题目，在期刊论文和硕士、博士学位论文中反映的内容会有差别。在学位论文中涵盖的内容更多，而在期刊论文中包含的内容偏少。造成这种差别的原因有期刊论文篇幅较小、研究的阶段性等。理工科研究都是分阶段的，相应的研究成果也是分次发表的，将多次发表的成果融合成一篇内容更多、篇幅更大的学位论文，其题目自然与每个成果的题目不一样。

如果硕士论文题目为"枢纽机场航班时刻优化方法研究"，则相应论文至少包括两个工作，比如常规条件下的航班时刻优化、非常规条件（如航班大面积延误）下的航班时刻优化。将第二个工作发表在期刊上，合适的题目应该是航班大面积延误条件下的枢纽机场航班时刻优化方法研究，而不是枢纽机场航班时刻优化方法研究。如果期刊论文题目为混合励磁轴向磁场磁通切换永磁电机控制系统研究，也会从数学模型、控制策略和控制系统设计 3 个方面撰写论文，但通常不会描述电机控制的多种策略，只会以其中一种策略为主，而当上述题目作为博士学位论文时，作者可在论文中陈述关于多种控制策略的研究成果。

和期刊论文题目一样，学位论文题目也应以简短的词语组合概括整个学位论文最重要的内容，要求题目具体、切题、不能太笼统、引人注目、字数严格控制在 25 字以内。

由于硕士、博士学位论文围绕多个研究问题开展工作，其摘要字数应为 800～1000 字，包括多个自然段，其中开头 1～2 段用来描述研究背景、论文工作概述和研究意义等，接下来是主要研究内容。两部分之间通常有用来过渡的句子，如"论文主要内容如下"。论文主要内容通常包括多段，每一段用来描述一个研究问题的相关成果，具体包括研究结果、方法和结论等。而期刊论文摘要只有一段，围绕一个研究问题，一般没有背景介绍，即使有也会比较简短，这是两类论文摘要的差异。不过，它们也有共同点，如突出论文的新见解；语言力求精练；为了便于文献检索，摘要下方另起一行注明论文的关键词等。

表 3.3 给出了博士学位论文《混合励磁轴向磁场磁通切换永磁电机控制系统研究》的中文摘要，其主要研究内容由五个部分组成，每个部分对应摘要中的一段。从表 3.3 可以看出，大多数句子以动词开头，采用动宾结构，如"阐述……""建立……""构建……""提出……""设计……""研制……"，只有极少数句子有主语，且用"本文"做主语。对应的英文摘要中，"本文"一词翻译为 this thesis（指学术或硕士学位论文）或 this dissertation（指博士学位论文）；以动词开头的句子不能直译，如不能将提出最优效率控制策略翻译为"proposed optimal efficiency control strategy"，而应采用被动语态，翻译为"optimal efficiency control strategy is proposed"。英文摘要的时态为一般现在时。

表 3.3　学位论文中文摘要示例

| 组成部分 | 示　例 |
|---|---|
| 背景介绍 | 混合励磁轴向磁场磁通切换永磁电机是一种新型的定子永磁型混合励磁同步电机，实现了……，在电动汽车等要求宽恒功率调速领域具有广泛的应用前景 |
| 论文概述与意义 | 本文以一台三相 12/10 极 HEAFFSPM 电机为对象，……，深入研究该电机的静态、动态运行性能和单位功率因数控制……高性能控制策略。本文的研究成果为……，为电机在电动汽车电驱动系统等领域的应用提供一定的理论与技术依据 |
| 主要研究内容 | 1. 介绍和总结本课题的研究背景、现状与意义，阐述……，建立……，构建……仿真模型<br>2. 根据 HEAFFSPM 电机的特点，建立 HEAFFSPM 电机驱动系统。基于矢量控制方法中 $i_d=0$ 的电流矢量控制策略，研究电机的运行性能。提出包括……几种适用于 HEAFFSPM 电机驱动系统的电流矢量控制策略，并与 $i_d=0$ 控制特性进行对比分析。对 HEAFFSPM 电机在整个速度运行区间的运行性能进行仿真分析与实验研究，验证提出控制策略的有效性<br>3. 提出一种 HEAFFSPM 电机最优效率控制策略，……<br>4. 提出一种 HEAFFSPM 电机无位置传感器直接转矩控制方法……<br>5. 研制……的实验平台…… |

## 3.3　研究动机 ≫

　　动机指引发人从事某种行为的力量和念头。研究动机是人们从事研究的原因和动机。理工科论文的研究动机部分主要回答为什么针对论文的研究主题开展工作，为什么解决论文的研究问题，为什么用某种方法解决论文的研究问题。以上述飞行机器人动态抓取的控制为例，其研究目的是解决飞行机器人动态抓取的稳定控制问题，而研究动机则回答"为什么要做这项控制研究，为什么要采取非奇异终端滑模控制"的问题。

为了阐述好研究动机，清楚地回答上述几个问题，首先必须对现有文献进行搜集、归纳、评价和分析；然后，指出现有研究存在的问题与不足，结合满足生产过程实际的需要，实现更好的生活（如更加便利、快捷和安全的出行），或揭示某些未知原理、机理和规律等的理论与现实价值，进行动机分析。

## 3.3.1　文献综述

文献综述不是文献堆积，而是根据选定的研究主题或问题，搜集相关文献，然后对所获取的文献进行分类、归纳、评价和分析。与综述论文不同，文献综述简短，选定的问题更具体，且无须给出完整的展望，只需通过分析给出相关结论即可。

与《疲劳驾驶监测技术研究综述》不同，期刊论文《基于PERCLOS 判据的驾驶员疲劳监测系统》只描述了与人眼闭合时间等相关的 8 篇文献，针对算法的运行效率与代价这一具体问题，指出这些文献中算法的一个不足：均采用顺序式算法，对计算机处理器的性能和工作频率要求高，导致成本高，而利用现场可编程门阵列构建驾驶员疲劳监测系统可提高处理速度，减少时延，降低成本，其中 PERCLOS 是人眼闭合时间所占比例的英文缩写。

文献综述的基本原则：文献搜集、分类、归纳和分析要有针对性，即你的研究问题是 A、B、C，你的文献综述也只能针对 A、B、C，**你要研究什么，才搜集、评价和分析什么**，不然，你的论文主题是 A，而你的文献分类与分析却围绕主题 B，如何能得出有必要研究 A 的结论？

文献综述是理工科学位论文和期刊论文的重要部分，分别在学位论文的绪论、期刊论文的引言或以相关工作（Related Works）为标题的一节。两类论文文献综述的过程类似，包括搜集相关文献，并进行文献分类、评价和分析；目的相同，都是为动机分析打下基础。

下面分别举例说明学位论文和期刊论文的文献综述部分。

硕士论文《基于人工蜂群算法的卡车无人机协同路径优化问题研究》利用人工蜂群算法求解两种卡车无人机协同路径优化问题，为此，作者搜集了以下三方面文献：

- 带无人机的旅行商问题（TSP-D）研究现状
- 带无人机的车辆路径问题（VRP-D）研究现状
- 人工蜂群算法在路径优化领域的应用

对于 TSP-D 的文献，作者按照求解方法，包括启发式方法、精确算法和智能优化方法对文献分类。然后根据分类结果，依次刻画每类文献。TSP-D 文献分类如图 3.5 所示。

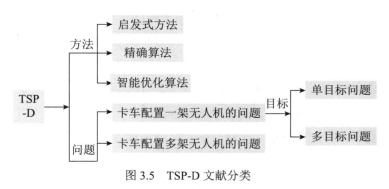

图 3.5　TSP-D 文献分类

描述每类文献时，应给出相关研究进展的评价，如 TSP-D 受到研究者广泛关注，精确算法在 TSP-D 求解方面具有较多应用，基于智能优化算法的 TSP-D 研究取得了较大进展等；对每类文献，可再细分，比如单目标 TSP-D 和多目标 TSP-D；对每个小类，按文献发表时间，从早期文献开始依次介绍每篇文献的工作。当同一类文献数量较多时，避免所有文献采用同样的句式进行描画，要注意句式的变换，使审稿人或理工科生保持阅读的热情。

以针对问题 A 提出了解决方法 B 为例，有几种常见句式：

- 作者针对问题 A 提出了解决方法 B，该方法采用……
- 作者提出方法 B 解决了问题 A，提高 / 获得了……，或者实验结果表明……
- 作者运用……原理 / 策略设计了方法 B 以解决问题 A
- 关于问题 A，作者 1 提出了方法 B，作者 2 设计了方法 C，作者 3 提供了算法 D

如果想较详细介绍方法 B 的主要思路，可采用第一种句式。如果只想将方法 B 所用的新原理或 1～2 个主要策略列出来，可用第三种，比如期刊论文《飞行作业机器人动态抓取的非奇异终端滑模控制》基于冲量定理提供了有效的瞬时接触力模型。当阐述解决同一问题的多篇文献时，可采用第四种句式，该句式中，作者 1、2、3 所用的谓语动词不能只用"提出"，注意动词的替换。如果想突出问题 A 的解决效果、结果或不足，可采用句式 2。比如，作者基于图论提出了一个紧凑整数线性规划模型，并使用结合列生成的分支切割算法以最小化完成时间。实验结果表明，关于客户结点数为 10 的所有实例和客户结点数为 20 的部分实例，该算法可以获得最优解。以上句式并非固定为一篇文献一种句式，一篇文献也可能用到两种及以上的句式。

文献叙述完成后，作者对现有文献进行了专门分析，给出相应的结论：多目标 TSP-D 研究文献较少。类似结论可能有多个，比如卡车配置多架无人机的问题未引起研究者重视，因为作者要做多目标 TSP-D，才分析并得出上述结论。同样的道理，人工蜂群算法在自动控制、图像处理等诸多领域都有成功的应用，因为作者研究人工蜂群算法在路径优化中的应用，才专门分析第三方面的文献。

期刊论文《飞行作业机器人动态抓取的非奇异终端滑模控制》主要解决飞行作业机器人动态抓取的稳定性和控制精度。作者重点刻画了 5 篇文献，对每篇文献的工作进行介绍、评价和分析。比如，"文献 [11] 提出通过控制位置偏差和对应姿态角度来实现接触力估计，但是应用场景仅存在于静态接触的情况下，对于动态抓取的鲁棒性较差；文献 [12] 设计的控制器只能处理受到慢变扰动下的飞行作业机器人系统，对于动态抓取过程中受到的瞬时接触扰动处理能力较弱，难以实现飞行作业机器人良好的瞬态稳定"。因为论文研究控制稳定性和精度，文献分析也只能针对稳定性与精度，谈其他如快速性和响应过程是没有必要的。

文献综述除了针对性强外，应突出对最近几年发表文献的搜集、评价和分析，以显示相关研究主题或问题仍是研究的焦点，若某个研究主题或问题的近几年文献较少，有可能是研究者对这个主题或问题失去了研究兴趣，有让审稿人或理工科生觉得选题陈旧之风险；经典文献一个都不能少，表明作者对研究主题或问题的历史发展脉络比较清楚。

学位论文和期刊论文的文献综述常常存在两个典型的问题：

- 有"述"无"综"，没有围绕论文研究主题或问题对文献进行分类、归纳和整理，缺乏针对性，甚至使用一些与研究主题或问题无关的文献

- 只"述"不"评"，只有对文献内容的介绍，缺乏对已有研究的进展、优势和不足的评价与分析

## 3.3.2　动机分析

动机分析要清楚地回答为什么针对论文主题或问题开展研究工作，为什么解决论文的研究主题或问题，以及为什么用论文提出的方法解决研究主题或问题。

学位论文的动机分析通常在"现有研究存在的问题与不足"这一节进行。以上述硕士学位论文为例，作者进行了三方面的动机分析，如表 3.4 所示。第一方面是关于多目标 TSP-D 研究的必要性，主要从物流配送的实际需要角度进行分析，包括配送完成时间和运输成本同等重要，又彼此冲突，使得实际的 TSP-D 是多目标问题，而多目标 TSP-D 的研究进展很少。第二方面则从问题的复杂性高和求解难度大、智能优化算法是该问题的有效求解方法、问题研究不够深入等方面分析为什么研究该问题，以及为什么用智能算法解决该问题。第三方面分析得出如下结论：设计高效人工蜂群算法，能有效解决 TSP-D 和 VRP-D，值得深入研究。学位论文动机分析示例如表 3.4 所示。

表 3.4　学位论文动机分析

| 动机分析 | 示　　例 |
|---|---|
| 第一方面 | 缩短配送完成时间和降低运输成本同等重要，这两个目标彼此冲突，使得实际的运输优化问题往往是多目标问题；多目标 TSP-D 研究进展很少 |
| 第二方面 | VRP-D 是 TSP-D 的扩展，其复杂性高和求解难度大；VRP-D 是车辆路径问题的扩展，智能优化算法是车辆路径问题的主要求解方法，也可能是 VRP-D 的有效方法；VRP-D 研究还不够深入 |

续表

| 动机分析 | 示　　例 |
| --- | --- |
| 第三方面 | ABC 具有较多优良特性；ABC 已成功应用于各种路径优化问题的求解；ABC 是 TSP-D 和 VRP-D 的有效求解方法；ABC 在 TSP-D 和 VRP-D 的应用研究方面进展较小 |

　　期刊论文的研究动机则在引言或前言部分进行分析。期刊论文《飞行作业机器人动态抓取的非奇异终端滑模控制》的动机分析分散在其前言的第 2、3、4 段。作者在第 2 段开头描述了稳定性和高精度控制的重要性，"稳定的控制系统和机械手末端的高精度控制是整个抓取过程的关键部分"；在第 3 段指出，"如何提高飞行作业机器人动态抓取瞬态稳定性成为控制器设计的核心部分，而利用非奇异终端滑模控制方式的高精度、有限时间强收敛特性，可以有效控制飞行作业机器人接触瞬态稳定性"，从而说明为什么采用非奇异终端滑模控制；在第 4 段则分析了动态抓取过程中可能存在输入饱和，并阐明目前将飞行器的快速姿态控制和机载机械臂的关节跟踪控制与输入饱和、模型不确定性和外部干扰相结合的研究较少。最终的结论"对于复杂的非线性强耦合飞行作业机器人系统，迫切需要探索高效的控制方法，以确保动态抓取的安全性和成功率"，则明确回答了为什么要进行此项控制研究。

　　在学位论文的绪论中，往往先有文献综述，然后进行动机分析。比如，上述飞行作业机器人控制论文。但期刊论文的文献综述与动机分析不一定有严格的顺序关系。不过，理工科生作为科研新人，尽量先进行文献综述，后进行动机分析，这样逻辑关系比较好把握。

　　以上述飞行作业机器人控制论文为例，可先介绍飞行作业机器人动态抓取的控制研究现状，再分析现有研究存在的不足，结合飞行机器人的复杂性和控制难度，说明迫切需要探索高效的控制方法，以确保动态抓取的安全性和成功率；随后，介绍非奇异终端滑模控制的文献，分析其自身特性，以及在飞行机器人动态抓取方面的控制优势（如实现良好的瞬态稳定性），从而让审稿人或理工科生弄清楚为何要使用该控制方法。

通常，动机分析不能简单归纳为一句话：某某研究的进展很少或者相关研究未引起重视。为了分析某项研究或解决某个问题的必要性，可强调该研究或该问题广泛存在于实际生产过程如物流配送、智能制造等，或者是影响交通出行等生活需求的重要因素，执行好该研究或者高效解决该问题将大大改善生产或配送效率，从而有助于降低成本、实现节能降耗等目标，或者提高出行便利、降低交通事故伤亡人数等，具有较高的现实价值。

在动机分析部分，也可阐述问题的高复杂性和巨大挑战性，需要在理论、方法和解决思路方面进行创新性探讨，才能很好地解决问题，从而突出研究的理论价值。比如，强调优化问题的 NP- 难特性、控制对象的非线性特性和控制高精度要求等。

在分析为何采用新方法解决研究问题时，除了突出新方法优势外，应重点讲新方法如何适用于解决研究问题。比如，在表 3.4 中，作者依次说明 ABC 具有较多优良特性、已成功应用于路径优化问题求解、是 TSP-D 和 VRP-D 的有效解决方法、相关研究进展较少，从而说明 ABC 适用于 TSP-D 和 VRP-D 的求解。

研究动机阐述不清楚，是期刊论文被拒或者学位论文盲审成绩偏低的主要原因之一。如何做到研究动机论述充分？首先，良好的文献综述是基础。其次，论述必须有针对性，始终围绕论文所研究的主题或问题。比如，针对多变量时间序列预测的局部变量预测精度问题，作者分析了现有预测算法会存在局部变量预测精度的问题，给出实验说明上述问题的确存在，并说明在实际应用中，上述问题处理不好会导致重大损失。最后，逻辑性强，"有必要研究……"的结论应是逻辑推理自然而然得出的。比如，上述推理过程，可非常自然地得出结论：有必要研究局部变量预测精度有保障的多变量时间序列预测算法。

研究动机阐述完毕，审稿人或理工科生仍然不清楚论文的研究成果到底是怎样完成的，所提出的新理论、新方法和新策略的具体内容是什么，以及背后的理由和原因是什么，这些内容都需要在研究成果所在章节内完成。

## 3.4 研究结果 》

研究结果是论文的核心，直接体现论文的学术水平和创新性。研究结果及其理论或实验验证是论文的主要部分。往往先介绍研究结果，后介绍相关实验与实验数据的讨论与分析，其中呈现研究结果时，应重点阐述相关结果的具体实现过程或思路，分析为什么采取这些过程或思路，讨论与现有工作的差异等，而实验结果分析往往是为了进一步验证研究结果的合理性和优势等。

期刊研究论文的研究结果往往包括几个方面的内容，比如，研究对象及其描述、针对研究对象的相关结果，而在存在多项结果时，需注意它们之间的逻辑关系（如由于模型是控制的基础，因此，控制对象的数学模型描述，应放在控制器设计之前）。硕士、博士学位论文中，对相关研究结果的写作方法与期刊研究论文类似。只是一篇学位论文往往用两到五章来刻画研究结果，且各章之间存在逻辑关系，使得学位论文与期刊论文在研究结果呈现方面有所区别。

## 3.4.1　研究对象及其描述

研究对象存在多种形式，比如理工科研究试图解决的研究主题或问题（如 VRP-D），实现高精度控制的对象（如飞行作业机器人和电机），为了研究某个对象（如一种新型组合桥面板的力学或化学等特性）而设计的实验方案、某个具体的模型，用于检测、监测、优化或识别的各种算法或方法等。

研究对象要具体明确。一篇期刊研究论文应该只有一个研究对象，围绕该对象提出新原理、新理论、新方法、新策略等。研究对象不同，对其描述的内容各异。

如果研究对象是某个研究问题，则先描述问题的组成部分，以及每一部分的具体内容，然后描述其数学模型等。以 VRP-D 为例，首先介绍问题的组成部分，"存在一队同性质的卡车，每辆卡车均配备一架无人机，车队需要将包裹运输到一组指定的客户结点。每个客户结点只能由卡车或无人机配送一次。每辆卡车及其对应的无人机必须从仓库出发并最终返回仓库。……该问题要求设计一套配送方案，在考虑容量和时间约束并满足客户结点需求的基础上，最大限度降低运输成本"，并给出一个示例直观地显示问题的具体组成；然后建立问题的数学模型。

如果研究对象是飞行作业机器人这样的控制对象，则依次描述控制对象的基本组成、特征、数学模型，其中数学模型是控制对象描述的重点。期刊论文《飞行作业机器人动态抓取的非奇异终端滑模控制》的作者建立了飞行作业机器人系统模型，基于冲量定理建立了动态抓取时瞬时接触力的动力学模型。

期刊研究论文中，不是所有研究对象都需要单独用一节介绍。比如，数学学报论文《分位数回归下的动态单指标变系数模型》直接在引言中结合文献综述提出了两种模型，从第 2 节开始，分别给出模型估计和模型识别等方面的结果。有些研究对象只需一个自然段就能交代清楚，往往也无须单独用一节，以免论文结构不合理，可将研究对象和研究结果放在同一节。比如，多变量时间序列预测算法的论文中，多变量时间序列的形式化描述比较简短，可直接放在研究结果节，作为该节的第一小节。

硕士、博士学位论文的研究对象可能不止一个。硕士论文《基于人工蜂群算法的卡车无人机协同路径优化问题研究》分别解决了 TSP-D 和 VRP-D，该论文第 3 章和第 4 章的研究对象分别是 TSP-D 和 VRP-D，并给出两种问题的数学模型。博士学位论文《混合励磁轴向磁场磁通切换永磁电机控制系统研究》的研究对象包括该永磁电机，以及该电机的控制系统。第 2 章介绍了该永磁电机的结构与数学模型，第 3、4、5 章的研究对象都是该永磁电机，第 6 章的研究对象则是为该电机设计的控制系统。

研究对象的描述除了数学模型外，还可以是结构框图、微分方程和算法步骤等。比如，当研究对象是控制器（如滑模控制器）、数学或物理方程、某种算法（如最短路径算法）时，对应的描述就分别是框图、微分方程和算法步骤。

研究对象与论文题目密切相关，往往直接存在于论文题目或者隐含在题目中。比如，《基于人工蜂群算法的卡车无人机协同路径优化问题研究》这一硕士学位论文的研究对象就隐含在题目中，卡车无人机协同路径优化问题包含 TSP-D 和 VRP-D。而上述关于电机控制的博士学位论文的研究对象直接出现在题目中。

## 3.4.2 研究结果呈现

学术论文的研究思路通过实验或理论验证后，即为研究结果。它往往是作者提出的新理论、新方法和新技术等。研究对象不同，研究结果往往不一样。如果研究对象是模型，则往往涉及模型估计、识别和验证等；如果以检测、监测或识别算法等为研究对象，则研究结果通常为算法性能的改善策略；如果研究对象为某个优化或决策问题，则研究结果是问题的优化或决策方法；如果研究对象是某个控制对象（如工业生产过程），则研究结果是控制方法或控制系统。

研究结果是学术论文的关键，写得好，就能让审稿人或理工科生深切体会到研究结果的创新性，甚至被作者能做出如此新颖且有价值的工作而深深折服。因此，研究结果是理工科生需要深刻理解和掌握的写作技能。研究结果既要清晰且准确地描述结果的具体内容，又要详细阐述结果的新意与价值。

期刊研究论文的每一项结果通常会由多个方面的内容组成，这样对应的研究结果节可能包含多个小节。比如，飞行作业机器人建模包括系统建模和瞬时接触力建模，在上述飞行作业机器人控制的期刊论文中，飞行作业机器人系统与抓取模型这一节由两个小节组成。

为了清晰且准确地描述研究结果的具体内容、新意与价值，应做好如下两点：

### 1）合理安排好每个研究结果节的结构

研究结果通常采取先分后总结构和顺序结构两种结构，如

图 3.6 所示。

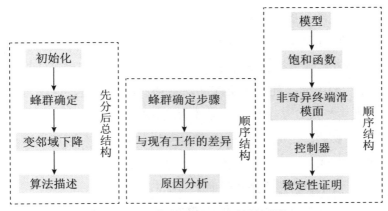

图 3.6　研究结果呈现所采用的结构

　　先分后总结构主要用于以算法设计或方法探讨为主的论文。比如，论文研究某个新型加密算法、调度方法或优化算法时，往往先介绍算法的主要部分，最后给出算法描述，这样的逻辑结构合理。顺序结构用于以实验方案设计、控制器设计或者理论推导为主的论文。顺序结构还用在每一小节。通常采用如下顺序撰写小节内容：研究结果的具体过程或内容、背后的原因和理由。与现有工作的差异可在小节开头处描述，也可与原因和理由分析一起进行。

　　期刊论文《飞行作业机器人动态抓取的非奇异终端滑模控制》中，在系统模型和接触力模型基础上，设计终端滑模控制器，首先给出终端滑模自适应控制的结构框图，然后在接触力动力学模型基础上，定义饱和函数、给出非奇异终端滑模面、设计控制器、定义李雅普诺夫函数并证明控制的稳定性，如图 3.6 所示，四个方面的内容按顺序依次描述。

## 2）采取适当措施论述研究结果的新意和特点

让研究结果的命名体现其新意和特点。比如，非奇异终端滑模自适应控制器显示出，该控制器与普通滑模控制器的区别在于引入了非奇异终端滑模面、自适应策略；而动态人工蜂群算法与人工蜂群算法的不同之处在于引入了动态种群确定策略。仅仅将"新型""改进"或"基于某某成熟的方法/原理"加到结果的名字里面，是不够的。比如，基于 BP 神经网络的时间序列预测算法，由于 BP 神经网络已经非常古老，面对这样的结果命名，每个了解现状的理工科生都会感受到扑面而来的陈旧气息。

分析研究结果的新方法、新策略等应用之后的好处，或者阐述不使用这些新东西的严重后果，也能让审稿人或理工科生深刻理解结果的新颖性和价值。比如，上述终端滑模控制器中增加了辅助系统补偿饱和误差，能够有效减弱动态抓取接触对飞行作业机器人系统产生的扰动影响，而没有饱和误差补偿，则动态抓取过程中可能出现输入饱和，从而将大大降低控制精度，影响飞行安全性等。

与期刊论文不同，硕士、博士学位论文往往包含多项研究结果，每项结果用一章介绍，存在多个研究结果章。学位论文题目难以涵盖所有结果的新意，但每个研究结果章的标题应像期刊研究论文题目那样突出其主要结果。硕士论文《基于人工蜂群算法的卡车无人机协同路径优化问题研究》第四章标题为"基于动态人工蜂群算法的 VRP-D"，该章针对 VRP-D 设计了一种新型动态人工蜂群算法，其 4.2 节为求解 VRP-D 的动态人工蜂群算法，由四个小节组成，分别是初始化、蜂群确定、变邻域下降和算法描述，将前三个小节的具体过程或步骤介绍完毕后，再刻画整个算法的具体步骤，让审稿人或理工科生读起来比较顺畅。

各小节都采取顺序结构。以上述硕士论文的 4.2.2 节"蜂群确定"为例，作者直接描述蜂群确定的主要步骤，"本文提出了一种评价策略动态确定雇佣蜂群和跟随蜂群，其主要步骤如下"。如果上述步骤用到一些需单独解释的方法、原理、策略等，为了让整个蜂群确定的步骤简洁、清楚，往往只提它们的名字，而在蜂群确定的所有步骤介绍完毕后，单独解释步骤中用到的方法、原理和策略。

随后，作者讨论与现有工作的差异，以及蜂群动态确定的理由。"通常，雇佣蜂群 EB 和跟随蜂群 OB 是固定的，即一旦指定为 EB 和 OB，在整个搜索过程中，保持不变，而动态人工蜂群算法根据解的质量动态地将蜂群 S1、S2 确定一个为 EB，另一个为 OB，这样蜂群在搜索过程中所执行的搜索阶段是动态变化的。"

## 3.5　验证研究结果 》

大多数理工科专业（如计算机、自动化等）是以实验或试验为主的专业，实验或试验是大多数理工科研究必不可少的一环，无论是技术成果（如真空管、晶体管和大规模集成电路），还是理论成果（如宇称不守恒定律），都需要通过实验或试验验证其真实有效。

不过，实验（Experiment）与试验（Test）有区别，实验是证实一个假说是否成立，检验一个方法是否合理有效、有优势；而试验是尝试，以探索未知的特性或规律。简言之，实验是验证已有研究思路，而试验是探索研究结果，即研究结果由试验结果分析而来，自然也能验证研究结果。因此，实验、试验都能验证研究结果。

## 3.5.1 理工科实验种类

实验方法是科学研究的主要方法之一，该方法根据研究目的，利用科学仪器、设备和软件等，人为控制或模拟研究对象的发生发展过程，以探索客观规律或验证研究成果的真伪、价值与优势等。理工科研究除了纯理论推导之外，都需要进行实验。

实验的主要作用包括如下几个方面：

- 通过实验找到客观规律
- 验证研究成果的有效性、合理性和优势
- 证实理论成果的真伪

物理学的很多规律是在实验中发现的。奥斯特通过实验发现电流能产生磁场，赫兹发现光电效应现象，伽利略通过斜面理想实验发现物体的运动不需要力来维持。

当理工科研究成果无法通过理论推导来说明其合理有效时，实验成为检验研究成果优势大小的主要途径，甚至是唯一途径。比如，上述终端滑模控制器与动态人工蜂群算法是否合理有效，能否达到预期成效，都需要由有效且充分的实验进行验证。优化算法 A 对某个优化问题进行求解，除非能证明算法 A 所获得的解就是最优解，否则，只能通算法 A 与其他算法优化结果的对比来显示算法 A 的优势，这样就需要进行对比实验。

宇称不守恒定律通过实验验证了其真伪，才能从假说成为科学理论。

理工科研究经常采用的实验有 4 种。

## 1）模拟实验

模拟实验是根据事物之间的相似性，通过对研究对象的内部结构、运动过程等的模拟，做出研究对象的模型，在模型上所进行的实验。模拟实验也叫模型实验，其中模拟的对象为原型。

模拟实验是一些特殊研究场合经常使用的一类实验。比如，飞行器研制过程中进行的空气动力学实验，包括实物实验和模拟实验。实物实验如飞机飞行实验和导弹实弹发射实验等，无模型和环境等模拟失真问题，一直是鉴定飞行器气动性能和校准其他实验结果的最终手段。不过，实物实验费用昂贵，条件难以控制，不会经常使用。大多数实验为模拟实验。

常见的模拟实验有 3 类：

- 物理模拟实验

- 数学模拟实验

- 功能模拟实验

物理模拟实验是以事物发生的物理过程相似或几何相似为基础，按比例制作模型的方法。比如水库模拟实验、飞机模型风洞实验、模拟人的生理过程或病理过程的药物疗效实验等。这种模拟可将原型发生的复杂过程在模型中综合地反映出来。

数学模拟实验在对研究对象建立数学模型，并确定模型参数后，对数学模型进行求解，以获得不同条件下研究对象的计算结果。数学模拟在计算机上进行，根据已建立的数学模型，利用合适的模型求解方法，编制相应的计算程序，然后在不同条件下进行运算。比如，研究精馏设备的操作优化时，可通过数学模拟得到不同回流比条件下的分离效果、加热蒸汽和冷却水的消耗量，以优化操作条件。这种模拟实验代替了用实际设备和物料进行的试验，从而大大节约了试验工作的时间和费用。

功能模拟实验以原型和模型之间的功能和行为相似为基础制作模型。典型的功能模拟方法有控制方法和仿生学方法。控制方法往往不直接研究控制对象，而利用控制对象的数学模型刻画控制对象的运动学或动力学功能与行为，并基于数学模型设计相应的控制器，实现对控制对象的高效控制。仿生学方法是通过模拟生物的某些功能而进行科学研究的一门学问，比如各种仿生鱼。

物理模拟实验和数学模拟实验的目的是通过模型实验认识原型，而功能模拟实验的目的是研究和发展模型本身。

## 2）仿真实验

这种实验方法是在计算机上用仿真软件或者通过编程模拟现实的效果。仿真实验广泛存在于航空、航天、电力、化工和交通等行业，应用于交通控制、资源利用、城市规划、生产管理等领域，可以缩短大型客机设计和研制周期，降低飞行员训练成本，提高核电站调试、维护和排除故障的效率，减少生产成本等。

理工科研究经常采用仿真实验，自动控制方面的期刊研究论文和学位论文的实验以仿真实验为主。比如，期刊论文《飞行作业机器人动态抓取的非奇异终端滑模控制》给出了仿真实验结果与分析。博士学位论文《混合励磁轴向磁场磁通切换永磁电机控制系统研究》的大多数实验是在仿真软件 MATLAB/Simulink 上进行的仿真实验。

### 3）实物实验

模拟实验的模型、仿真实验的仿真模型与实际研究对象存在一定差距。比如，模型只是在具体过程、几何尺寸和功能等方面与原型相似，模型不能完全等同于原型，因为模型是基于某种研究目的而建立起来的，在建立过程中会忽略一些研究者认为不重要的因素。MATLAB/Simulink 搭建的控制系统也不是真实的控制系统，这些差距使得模拟实验或仿真实验成为因实物实验费时、费钱、费力等而不能经常做时的权宜之计。在这些情况下，实物实验往往是最后的实验手段，原因在于：由于直接利用真实的研究对象，实验结果往往没有失真，得到的实验结果可信度最高。

除了以上情形外，理工科研究也经常直接进行实物实验。科学历史上非常多的著名实验，如巴甫洛夫的条件反射实验和居里夫人的放射性实验等是实物实验。科研人员在必要时，可直接搭建实验系统，记录实验结果，进行结果分析，找出科学规律。

### 4）对比实验

有一类对比实验，会设置两个或两个以上的实验组，通过对结果的比较分析探究因素与实验对象的关系。这类实验常用于药物疗效、健康干预和教育干预等。比如，药物疗效实验，随机选择一组患者进行新药治疗，另一组则采取常规治疗或者只服用安慰剂，通过结果的对比来说明新药是否有效。对比实验也广泛存在计算机和人工智能研究中，比如，针对某种算法提出了新的策略，为了验证新策略是否有效，将新算法和没有新策略的原算法进行对比，以说明新策略是否有效。

另一类对比实验，则针对新的研究结果，为确定新结果是否有优势，将新结果的实验结果与现有结果的实验结果进行对比。以上述飞行作业机器人的非奇异终端滑模控制器为例，作者将自己的方法与其他文献的方法进行对比，并进行了结果分析。

## 3.5.2　实验结果分析

理工科实验，无论是模拟实验、仿真实验，还是实物实验、半实物实验，都离不开对比，都可能是对比实验。下面重点描述理工科研究常用的两类对比实验结果分析。

### 1）方法间对比实验结果分析

这类对比实验广泛应用于计算机、人工智能、自动化等领域的科研活动中，用来验证新算法的合理性、有效性和优势，是一种测试手段。

为了进行方法间对比实验，需要准备如下几个方面的素材：

- 测试实例、数据或者测试对象
- 用来做对比的现有方法或策略
- 评价实验结果的指标
- 实验结果分析方法

应选用足够多的测试实例和数据，使实验结果能充分显示算法间的性能差异。比如，多变量时间序列预测算法研究中，常常采用如下 5 个真实数据集，包括用电量数据集 Electricity、数据库系统数据集（含 3 个数据库的数据集）、太阳能数据集 Solar-Energy。测试半监督学习算法性能时，经常使用 CIFAR-10、CIFAR-100、

SVHN、STL-10、Mini-ImageNet 数据集；研究者经常使用大量测试函数如式（3.1）所示的单目标测试函数或式（3.2）所示的多目标测试函数，以验证所提出的智能优化新算法的优势。

$$f(x) = \sum_{i=1}^{n-1}\left[100\left(x_{i+1} - x_i^2\right)^2 + \left(x_i - 1\right)^2\right] \quad x_i \in \left[-30, 30\right] \quad (3.1)$$

$$\begin{cases} f_1(x) = x_1 \\ f_2(x) = g\left(1 - \sqrt{f_1/g}\right) \end{cases} \quad (3.2)$$

$$g(x) = 1 + 9\sum_{i=2}^{n} x_i / (n-1), x_i \in [0, 1]$$

前述的旅行商问题和车辆路径问题也存在大量规模不一的测试实例。以旅行商问题为例，其常见实例有 Eil51、Eil76、Kroa100、Ch150、Kroa200、Pr264、Lin318、Rd400、Pr439，其中每个实例后面的数字表示城市的个数。如果用来进行对比实验的测试实例、数据或对象偏少。以旅行商问题为例，若仅仅用有限的 2～3 个测试实例，则相关的实验结果分析得到的结论将缺乏可信度，无法展示所研究算法的优势。只有针对大量实例，甚至该问题现存所有实例，新算法都能显示出优势，相应的结论才可靠。

做对比实验，还必须有足够多的算法作为对比算法，用来比较新算法与对比算法之间的性能差异。期刊论文《ReLSL：基于可靠标签选择与学习的半监督学习算法》中，作者将 ReLSL 与现存的十几种算法进行比较。在硕士论文《基于人工蜂群算法的卡车无人机协同路径优化问题研究》的第 4 章，作者将动态人工蜂群算法与三种对比算法进行性能对比，与基本的人工蜂群算法进行对比，以确定动态人工蜂群算法的新策略是否合理有效。不过，不同专业的期刊论文和学位论文中，参与对比的算法数量各异。比如，前述飞行作业机器人控制的论文，作者只是将论文的控制方法与另一篇文献的方法进行对比。

对比算法应该来自最近 3 ~ 5 年的文献或者是经典算法。对比实验时，必须公平对待所有算法，即所有算法应在同等条件下进行比较。机器学习、预测、智能优化等方面的算法都需要在计算机上通过编程实现或在软件中运行，同等条件包括计算机软硬件环境要同等、算法或方法的终止条件要相同、对比算法与新算法适合于同一研究对象等。当计算机软硬件环境不一致时，要对相应的运行时间进行折算。

当对比算法与新算法针对同一问题时，对比算法的结果可直接拿来进行比较。比如，旅行商问题的对比算法的结果通常可直接拿过来与新算法的结果进行对比。当对比算法原本解决的问题与新方法解决的问题不同时，需要对对比算法进行适当修改，但修改的部分不能过多。如果需要过多的修改才能用来解决新算法解决的问题，则说明该算法不适合做对比算法。

评价指标用来从多个方面衡量每个方法或算法的实验结果的优劣，实验结果种类不同，评价指标往往各异。比如，研究边缘计算环境下边缘任务调度与资源分配方法时，采用平均优先级加权响应时间和平均迁移花销时间等指标。研究多变量时间序列预测算法时，评价指标包括所有变量的平均绝对误差的平均值、误差降低率等。针对多目标优化问题，运用智能算法进行求解时，算法的最终结果是一个解集，常用的评价指标有 $DI_R$ 和 $C$，其中前者用来衡量算法的解集与参考解集之间的距离，而后者用来评价两个算法得到的解集之间的支配关系，其中参考解集由所有用来进行对比算法所获得的最好解组成。

对所有算法针对测试实例所获得的实验数据，根据评价指标进行归纳整理，得到相应的实验结果。比如，选用十几个类似式（3.1）或式（3.2）的测试函数，利用所设计的新型智能优化算法（如改进遗传算法）对这些函数进行优化，以获取最优解，并与所选定的对比算法进行比较。每个算法关于每个函数独立运行 10 次，每次运行得到一个最好解，然后利用评价指标（如最小值、平均值和方差）对所有算法的实验数据进行整理，得到每个算法关于每个函数的最小值、10 个最好解的平均值和方差。

论文中可以采用表格和图呈现实验结果。图的种类比较多，比如，收敛曲线图、控制效果图、图像处理（如分割和识别）的效果图等，其中收敛曲线图描述算法的结果随时间变化而形成的曲线，控制效果图包括控制系统实际轨迹与期望轨迹对比图、误差曲线图等。还可给出一定数量实例的实验结果图。理工科生可借鉴同一研究方向的论文，结合自己的目的，选择合适的图。

实验结果分析包括基于评价指标的分析、统计分析等。基于评价指标的分析用来指出新算法与对比算法相比，优势到底有多大；而统计分析用来说明新算法的优势在统计意义下是否显著。不过，实验结果分析不能只讲优势，也可适当阐述新算法或方法的劣势，这样更容易让人相信通过实验分析得到的结论。

针对 VRP-D，硕士论文《基于人工蜂群算法的卡车无人机协同路径优化问题研究》的作者运用 112 个实例进行对比实验，并提供了其中四个实例最好解的路径图，如图 3.7 所示。其中，20.5.2 中，20 为客户节点数，三角点是无人机服务的点，圆圈是卡车服务的点，5 表示客户节点的分布范围，2 为实例的编号。表 3.5 给出了动态人工蜂群（DABC）算法和其他 4 种算法关于 VRP-D 的部分实例的实验结果，同一实例，每种算法产生一个最好解，值最小的解最好，如表中粗体所示。①

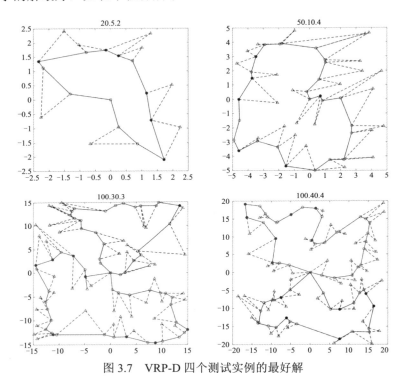

图 3.7　VRP-D 四个测试实例的最好解

### 表 3.5　五种算法关于实例获得的最好解

| 实　例 | DABC | ABC | ALNS | LT-GOMEA | SSABC |
|--------|------|-----|------|----------|-------|
| 50.10.1 | **5.86134** | 5.88037 | **5.86134** | 5.96595 | 5.93726 |
| 50.10.2 | **5.58493** | 5.66942 | **5.58493** | 5.62899 | 5.62240 |
| 50.10.3 | **5.40046** | 5.57003 | 5.42240 | 5.51906 | 5.58447 |
| 50.10.4 | **5.14052** | 5.43132 | 5.20834 | 5.55345 | 5.26511 |
| 50.20.1 | **10.23491** | 10.27429 | 10.45526 | 10.39034 | 10.33002 |
| 50.20.2 | **10.05611** | 10.13823 | **10.05611** | 10.29784 | 10.55781 |

---

①　为尊重期刊投稿要求，本书的表格中数据统一未加千分空。

| 实  例 | DABC | ABC | ALNS | LT-GOMEA | SSABC |
|--------|------|-----|------|----------|-------|
| 50.20.3 | **10.50180** | 10.54466 | 10.54249 | 10.93114 | 10.70049 |
| 100.30.2 | 22.53344 | 23.18320 | **22.31432** | 24.12844 | 23.60813 |
| 100.30.3 | **23.15228** | 23.99730 | 23.71948 | 24.77062 | 24.67651 |
| 100.30.4 | **22.35552** | 22.91059 | 22.37011 | 22.94695 | 22.84999 |
| 100.40.1 | **29.02717** | 30.07525 | 29.13966 | 32.34787 | 32.21900 |
| 100.40.2 | **29.84482** | 30.99245 | 30.98999 | 31.77712 | 32.81842 |
| 100.40.3 | **28.57408** | 29.51524 | 29.02475 | 30.66288 | 30.33476 |
| 100.40.4 | **28.97047** | 29.32433 | 28.97348 | 29.89597 | 30.40640 |

实验结果分析时，往往先进行基于评价指标的结果分析，得出相关结论，如 DABC 的收敛性能优于其对比算法，然后进行统计分析、图的分析，说明同样的结论也可由统计结果和图的分析得到。比如，DABC 关于 14 个实例中 13 个取得了其他算法无法获得的最好解；其他算法中，只有 ALNS 关于 3 个实例产生了最好解，其他算法关于所有实例所得的最好解都不如 DABC 的相应结果。实验结果分析后，还要阐述优势产生的原因。最后，得出最终结论：DABC 是求解 VRP-D 具有较强竞争力的优化方法。

### 2）非对比实验结果分析

有一些理工科研究并不需要方法间对比和不同条件下的对比以说明研究成果的优势，直接根据实验结果就能判定研究成果是否合理、有效。期刊论文《飞行作业机器人动态抓取的非奇异终端滑模控制》的作者建立了一个实验平台，给出了相关参数设置；然后在实验平台上进行了瞬时接触的稳定性实验，绘出了位置控制误差和姿态控制误差随运动时间变化的曲线图；最后，进行实验结果分析，直接根据位置方向的误差未超过 0.18 m，姿态方向的误差未超过 0.1 rad，给出结论：控制方法具有良好的鲁棒性。

### 3.5.3　试验结果分析

不同条件下的对比试验广泛存在于物理、化学和土木工程等专业的科研活动中。通过在不同条件下试验结果的对比分析，找到研究对象某些特性随着设定条件改变的变化规律，比如，给出两个变量之间的拟合函数，发现相关机制如膨胀土压缩性的衰减机制，进行机理分析等。

期刊论文《不同循环模式条件下膨胀土的力学特性变化规律及其物理机制研究》描述了 3 种不同的循环，即干湿循环、冻融循环、干湿－冻融循环条件下的四种试验。以膨胀土的剪切特性为例，作者给出了不同循环条件下循环次数与黏聚力、循环次数与内摩擦角的变化关系曲线，根据该变化曲线，作者给出了三个方面的研究结果："（1）随着循环次数的增加，膨胀土的黏聚力随着循环次数增加而不断衰减；（2）内摩擦角整体变化不大，基本处于稳定值；（3）膨胀土试样在干湿－冻融循环作用下黏聚力衰减幅度最大。"作者还以干湿－冻融循环为例，研究了膨胀土剪切特性的衰减机制，得出相关结论："干湿－冻融循环对土体破坏最为严重，黏聚力衰减幅度最为大。影响内摩擦角大小的主要是表面摩擦力和土粒之间的镶嵌作用而产生的咬合力，取决于土体本身，因此内摩擦角随循环次数的变化很小。"

进行方法间对比实验的场合，先有研究结果，然后进行实验验证研究结果的合理有效、优势、劣势，而在执行不同条件下对比试验的场合，对比试验是整个研究的前提，先有对比试验，然后由对比试验结果及分析，得出相关的研究结果（如上述循环次数对剪切特性的影响与机制），使整个论文以试验结果分析为主。比如，上述期刊论文中，第 2 节为试验概述，所占篇幅较小，第 3 节试验结果及分析才是论文的重点，篇幅明显大于第 2 节。

## 3.6 研究结论 》

研究结论是研究者在科学研究中得出的概括性总结，可以是研究对象性质与特征的描述，也可以是相关新理论、新方法和新假设的新意与特点的再次强调。研究结果经过科学的数据处理和分析，才能得出有意义的研究结论，因此，研究结果是研究结论的基础和支持。

期刊研究论文的研究结果不同，研究结论的写法会有所差异。如果研究结果是一种新方法、新算法和新策略等，则研究结论应重点关注研究结果的具体内容、优势和创新性，也可适当分析劣势，同时指出未来的研究工作。如果研究结果是新发现的一些客观规律、机制和机理等，则结论应是研究结果的概括与总结。

期刊论文《飞行作业机器人动态抓取的非奇异终端滑模控制》设计了一种新型非奇异终端滑模控制器，表 3.6 描述了该论文的结论，从中可看出作者加强了对研究成果优势的阐述，这样可突出成果的价值，不过，作者未给出未来研究主题的相关讨论。

表 3.6 期刊论文结论示例

| 组成部分 | 示 例 |
|---|---|
| 研究工作<br>概述 | 本文研究了飞行作业机器人动态抓取的稳定控制问题。首先，以具有二自由度机械臂的飞行作业机器人为研究对象，分析研究了动态抓取时机载机械臂末端与物体接触瞬时的受力情况，建立了接触力动力学模型，同时，设计了一种终端滑模自适应控制器，确保动态抓取时的稳定控制性能 |
| 结论 | （1）通过冲量定理分析建立了飞行作业机器人动态抓取瞬时的接触力模型，提升了动态抓取动力学建模精度，一定程度上减轻了控制器设计负担，增强了动态抓取过程稳定性。<br>（2）设计了非奇异终端滑模自适应控制器，加强动态抓取过程中的控制精度。同时，考虑抓取过程中容易出现的输入饱和情况，设计了辅助系统补偿饱和误差，能够有效减弱动态抓取接触对飞行作业机器人系统产生的扰动影响，提高了飞行作业机器人系统的飞行安全性 |

《不同循环模式条件下膨胀土的力学特性变化规律及其物理机制研究》的作者对由实验结果与分析所得出的一系列研究结果进行了概括和总结，得出了以下三方面的研究结论：

- 直剪试验：膨胀土经历三种循环后，黏聚力均随循环次数的增多而降低。其中受干湿－冻融循环作用试样的减小程度最大，最终衰减幅度达 69.3%，冻融循环最小，最终衰减幅度为 29.6%，在经历第 5 次循环后，黏聚力逐渐趋向于稳定值；内摩擦角整体变化不大，基本处于稳定值，变化幅度远小于黏聚力……

- 压缩试验：膨胀土经过三种循环模式作用后，孔隙比有不同程度的下降，压缩性指标发生变化，随着循环次数的增加，变化幅度放缓，逐渐趋于稳定值，其中干湿－冻融循环变化幅度最大，冻融循环最小……

- 渗透试验：渗透系数在循环过程中变化上可分为缓慢、迅速、稳定三个阶段，与循环次数呈正相关。其中，干湿－冻融循环变化幅度最大，干湿循环次之，冻融循环最小……

与期刊论文不同，学位论文的每个研究成果章的最后一节通常是本章小结，对本章主要工作进行简短总结。此外，学位论文专门用一章对全文工作进行总结、对未来工作进行展望，标题为"总结与展望"的这一章是学位论文的最后一章，其中，总结部分主要针对全文的研究成果，分段阐述其主要创新点、实验结果与结论等，展望则对未来作者打算从事的研究工作以及相关原因和理由进行深入刻画。

一篇结构完整、逻辑性强、语言表达准确规范的理工科学术论文新鲜出炉后，论文投稿或送审必然摆上日程。

第 4 章

# 论文的投稿与修改

理工科生需要拿出高水平研究结果、具备必要的投稿技巧、用足修改诚意，方能打动期刊审稿人、编委和主编，论文才能真正问世，让全世界的同行有机会阅读论文的全新内容。

论文投稿充满着不确定性，一个小错误可能直接导致论文不能如愿通过审稿人、期刊编委和主编的审查，相关科研工作可能永远无法展示给全世界同行。在论文大爆炸的今天，需要发表论文的理工科生越来越多，高校对理工科生所发期刊的要求越来越高，SCI、EI检索期刊，甚至是顶级期刊，慢慢地成为越来越多理工科生必须拿下的对象。在毕业年限不变、发表论文的数量和质量都加码的条件下，掌握必要的期刊选择、投稿和修改技巧和方法，避免因失误而使论文被拒，变得非常有必要。

只要前期发表的期刊论文数量和质量有保障，学位论文送审过程就会比较简单，通常经过 2～4 个月的等待，理工科生会等来自己的盲审成绩和评审意见，按评审意见认真修改后，即可进行论文答辩，拿到学位。与期刊论文审稿相比，学位论文盲审过程简单、通过率高，对理工科生相对友好，因此，本章主要介绍期刊论文投稿、期刊论文与学位论文的修改等。

**4.1** **期刊的合理选择** 》

学术期刊是理工科学术论文发表的主要载体。理工科每个研究方向可供论文发表的期刊数量有限，其中的 SCI 源、EI 源期刊数量更少，而理工科生大都渴望自己的论文能发表在高水平的学术期刊，甚至顶级期刊上。有限的期刊数量必然导致大多数理工科生难以如愿。据统计，大多数 SCI、EI 检索期刊的录用率在 10% 左右，甚至更低。在被拒率超过 90% 的情况下，合理选择期刊变得十分重要。

为了选择合适的期刊，首先得了解学术出版现状，然后从可选期刊中根据一些原则进行合理选择。

### 4.1.1　学术出版现状

学术出版是科研成果的官方记录，是对研究者研究工作的认可、鼓励和支持。只有将研究成果发表在学术期刊或学术会议论文集，才能被公认为有效成果，并被其他学者引用、开展后续研究工作等。英文俗语"Publish or perish"（发表或毁灭）很好地阐述了发表是硬道理，因此，学术出版对理工科研究者至关重要。

学术期刊根据读者获取方式可分为开放获取期刊和订阅获取期刊。论文作者在开放获取期刊发表论文时，需要花费一笔不菲的论文处理费（Article Processing Charge），即所谓版面费，但读者可从这些期刊网站上免费下载论文全文。传统的期刊大都是订阅获取期刊，作者免费发表，读者付费阅读。

两种方式各有利弊。开放获取对读者友好，审稿周期短，却让作者背上沉重的经济负担；而订阅获取期刊审稿周期长、录用率低，理工科生只能看到论文题目和摘要，只有所在高校或研究所支付一大笔订阅费后，理工科生方可免费阅读全文。

目前，世界上存在四大学术出版集团：

- 施普林格·自然（Springer Nature）
- 爱思唯尔（Elsevier）
- 泰勒－弗朗西斯（Taylor & Francis）
- 威立（Wiley）

施普林格·自然集团具有包括 Nature、Nature 子刊在内的 SCIE、SSCI 期刊 2262 种，运营 nature.com、link.springer.com、biomedcentral.com、scientificamerican.com 等学术平台。此外，该集团收录了 19 世纪以来的 1 万多本学术电子图书，保留了 1851 年以来诸多学者的完整研究记录，包括爱因斯坦的相对论和居里夫人的放射性物质研究等。2021 年，该集团成为全球第一家发表了 100 万篇金色开放获取文章的出版机构。所谓金色开放获取指论文发表后可立即被所有人自由且永久地访问，作者具有论文的版权。

爱思唯尔拥有《柳叶刀》和《细胞》等 2500 种期刊，发表的科研论文总数占全球总数的 16%。2021 年，爱思唯尔发表了 11.6 万篇金色开放获取论文，其金色开放获取期刊已超过 600 种。该集团还运营引文数据库 Scopus，发布了期刊影响力指标 Citescore，使得好多期刊具有两个影响力指标 [ 另一个指标为科睿唯安公司的期刊引证报告（Journal Citation Reports，JCR）给出的影响因子（Impact Factor）]，如图 4.1 所示。此外，该集团制作并发布了爱思唯尔"中国高被引学者"榜单、全球顶尖科学家排名等。

图 4.1 一本期刊的两种影响力指标

泰勒－弗朗西斯集团拥有 SCIE、SSCI 期刊 2023 种，推出了加速出版选项，为对出版时限有紧迫需求的研究者提供服务，在不牺牲质量审查和标准严谨性的前提下加快同行评议速度，将论文快速发表在高质量期刊上。花费 7000 美元可以在 3 ～ 5 周内发布，花费 3900 美元可以在 7 ～ 9 周内发表。

威立旗下期刊 *CA-A CANCER JOURNAL FOR CLINICIANS* 是目前影响因子最高的期刊，连续多年蝉联 JCR 排名榜首。2020 年影响因子为 508.702，相比 2019 年的 292.278，几乎是翻倍的增长。威立致力于把高质量内容转化成学习型产品，为学者的自我提升提供便捷的途径。威立推出了免费开放的"Wiley 在线讲堂"，由 Wiley 培训顾问和资深编辑担任主讲，为学者解答在查找资源、论文写作、投稿中出现的各种问题。

除了以上四大出版集团外，还有一些学术组织，如电气电子工程师协会（IEEE）、美国计算机协会（ACM），也出版一定数量的期刊。以 IEEE 为例，它是全球最大的非营利性专业技术学会，在全球拥有超过 40 万名会员，在电气电子、计算机、通信、电力能源、生物医学工程、航天系统工程、消费电子等领域具有技术权威性，出版期刊 200 多种，其中专业分会的会刊往往是所在领域的顶刊，比如 *IEEE Transactions on Cybernetics* 是自动化和控制系统方面的顶刊。

中文学术出版不受国内理工科研究者待见，理工科生和他们的导师倾向于将论文投往上述出版集团和学术组织主办的期刊。近年来，国家重视中文学术出版，要求研究者将论文发表在祖国大地上，中文学术出版出现了一些新气象。国内出版集团中，科学出版社出版了五百多种期刊，SCI 收录期刊 100 种，36 种期刊处于 Q1区，4 种期刊国际同学科期刊排名第一，16 种期刊居国际同学科期刊排名前 10%，其中影响因子最高的期刊为《国家科学评论》。

尽管如此，国内学术出版的体量和规模，以及期刊的影响力，与上述四大出版集团还存在很大差距，甚至不如一些开放获取出版社，比如，MDPI 出版 427 种期刊，86 种期刊位于 JCR Q1 和 Q2。

以上关于期刊的 Q1、Q2 是 JCR 分区。JCR 分区是对每个 Web of Science 学科中的期刊按其影响因子值从高到低排序，平均分为 Q1、Q2、Q3、Q4 四个区。各学科分类中影响因子位于前 25%（含 25%）的期刊划分到 Q1 区，前 25% ～ 50%（含 50%）的期刊划分到 Q2 区，前 50% ～ 75%（含 75%）的期刊构成 Q3 区，75% 之后的期刊组成 Q4 区。Q1 区的期刊质量最高，Q4 区期刊质量最低。其中，影响因子定义如下：某一年如 2022 年的影响因子等于该期刊前两年（即 2021 和 2020 年）的总引用次数除以前两年该期刊发表的论文总数。Web of Science 一共列了 176 个学科。

## 4.1.2　什么样的期刊最合适

一篇理工科学术论文投什么期刊合适，取决于 3 个方面：

- 论文学术水平

- 期刊影响因子

- 期刊审稿周期

不同期刊对论文的学术水平要求不同。中文核心期刊如《计算机应用研究》要求论文有针对现有工作的改进，而在中文 EI 源期刊如《控制与决策》上发表的论文通常存在至少 2 个创新点。普通 SCI 源期刊如 *Intelligent Automation and Soft Computing* 常常要求存在至少 2 个水平更高的创新点，而顶级期刊如 *IEEE Transactions on Cybernetics* 对论文的学术水平要求最高，从研究主题或问题到解决思路，都应该具有足够高的创造性。

当然，学术水平并不仅仅体现在创新点的数量上，还与论文研究的新意和特色密切相关。以旅行商问题为例，1990 年左右，智能优化算法如遗传算法作为复杂优化问题的全新解决途径，引起研究者关注时，利用遗传算法求解旅行商问题，哪怕只是对算法做了一些改进，相关研究论文很容易发表在 SCI、EI 源期刊上。随着相关工作越来越成熟，需要研究一些扩展的旅行商问题如非对称旅行商问题、多旅行商问题，采用一些新近提出的算法如帝国竞争算法，且选用数量更多的测试实例，相应的论文才能发表在 SCI、EI 源期刊上。

期刊对论文学术水平的要求是动态变化的。当全新研究主题或问题、全新方法刚出现时，相应的论文发表会容易一些；随着相关论文越来越多，同样水平的论文所发表的期刊档次会降低。比如，1990 年关于混沌控制的第一篇论文发表后的几年里，最简单的混沌控制论文都可以发很好的期刊，甚至顶刊；而几年后，同样的论文可能连 EI 源期刊都难发。

每个研究方向的论文都有数量有限的期刊可供选择。比如，车辆路径优化的论文可发表在《控制与决策》《控制理论与应用》《自动化学报》《系统工程理论与实践》等 EI 源期刊，以及 *Applied Soft Computing*、*Transportation Sciences*、*Computers and Operations Research*、*European Journal of Operational Research* 等 SCI 源期刊上。而高校或研究所对理工科硕士、博士的毕业条件里，通常会对期刊的影响因子和分区做出具体规定。为了达到毕业条件，理工科生须从可供选择的期刊中选择影响因子合适的期刊。

大多数理工科生期望自己的论文发表在心仪的期刊上。心仪的期刊往往影响因子高，理工科生需要仔细盘算，分析自己论文的工作和学术水平是否配得上；同时多多倾听导师的意见，与导师一块愉快地决定投哪个期刊，切莫心存侥幸，明明只够一个 EI 源期刊，偏偏选择一个顶刊，这样只会徒增烦恼，徒费时间。

理工科研究进展不说是一日千里，至少也是一日十里，使得理工科论文具有较强的时效性，一篇在今年看来非常不错的论文，几年后可能已经过时，失去发表的价值。这一点在计算机和人工智能领域非常常见，因此，审稿周期也是期刊选择的重要考量因素。

论文在期刊成功录用的处理过程如下：

- 初审（with editor）
- 专家审稿（under review）
- 修改，包括大修（major revision）、小修（minor revision）
- 主编录用（accept）

其中修改会来来回回好多次，通常至少两次，稿件编号如 ASOC-D-22-00460 会从 ASOC-D-22-00460R1 变成 ASOC-D-22-00460R$N$，$N$ 通常为 2，等于 5 或 6 也是有可能的，等于 1 的可能性非常小。

上述处理过程构成审稿周期。不同期刊审稿周期长度不一。通常，开放获取期刊如 *Intelligent Automation and Soft Computing* 审稿周期短，期刊一般在一个月内决定是否录用论文，最快 5 天就能给出论文评审结果，这也是开放获取的优势之一，而大多数订阅获取期刊的审稿周期比较长，大多数期刊需要 3～6 个月才能给出第一轮意见，至少经过两轮审稿才能录用，使得从投稿到录用往往需要 6～12 个月，甚至更长，具体时间取决于编委、审稿人处理稿件和作者修改论文的时间。

本人曾投论文到 *International Journal of Production Research*，期刊收稿后，整整 7 个月无任何进展，始终处于"with editor（审稿中）"状态，而投到该期刊的另一篇论文自第一轮修改完后，等了整整一年才收到对修改稿的评审意见。可见，审稿过程中任何一个环节未及时处理，都可能导致审稿周期拉长。

如果选择一个不合适的订阅获取期刊，几个月后才收到拒稿意见，然后选择其他期刊投稿，仍然被拒稿，可能两年就过去了，论文已经失去发表的价值。如果第一次投稿时，所选期刊与论文学术水平匹配，论文可能顺利发表，避免论文无法与其读者见面的悲剧。由于期刊录用率低，这种悲剧经常发生，但合适的期刊选择可大大降低悲剧发生的概率。

为了让论文发表后得到更多同行的关注，应注意以下两点：

（1）理工科生应尽量将论文发表在所属研究方向的主流期刊上。所谓某一研究方向的主流期刊指发表该研究方向的论文数量最多的一些期刊。比如，进化计算方面的主流期刊有 *IEEE Transactions on Evolutionary Computation*、*Evolutionary Computation*、*Swarm and Evolutionary Computation* 等。

（2）避免将论文发表在有污点的期刊上。中国科学院文献情报中心从 2020 年开始，分别在 2020、2021 和 2023 年发布国际期刊预警名单，一些开放获取期刊一次或多次入选。预警名单发布后，国内很多高校和研究所对在预警期刊上发表的论文进行了限制。比如，预警期刊论文不能用来评职称。2023 年浙江工商大学、安徽省立医院先后发布公告，将三大开放获取出版社 Hindawi、MDPI 和 Frontiers 彻底"拉黑"，不建议向这些出版社的期刊投稿，不予报销版面费，更重要的是，所发论文不纳入科研绩效统计，这就意味着在这些出版社的期刊上发表论文，既要自掏腰包，还对升职加薪无任何作用。

除了这些预警期刊，还要注意避开一些名声不好的期刊。比如，IEEE 的某个期刊每篇论文收费 1750 美元，一年发表论文近万篇，完全将学术出版当成一本万利的生意。目前，该期刊遭到国内多所高校抵制，博士生在该期刊发论文不算成果，还可能招致负面评价，老师申报项目时列该期刊的论文，可能直接失去获得资助的机会。

另外，掠夺性期刊（Predator Journal）也层出不穷，让理工科生防不胜防。所谓掠夺性期刊指在未经许可的情况下，使用合法出版物的刊名、国家标准期刊号（ISSN）和其他数据，伪装成合法期刊。显然，在这些期刊上发表论文，破财且百无一用。理工科生要擦亮眼睛，避免陷入掠夺性期刊经营者的圈套。

理工科生经过纠结和困惑，终于选中自己在念兹在兹的期刊后，就要经历一段充满期待、焦虑、等待的投稿之旅。这段艰难困苦的旅程的第一步就是将论文投出去。

**4.2 论文投稿原则与技巧** ≫

论文投稿是理工科生和期刊双向选择的过程。理工科生将采用期刊模板撰写且精心润色的论文投到自认为合适的期刊，然后，期刊的编辑、审稿人、编委或副编（Associate Editor）、主编等对论文进行审稿，做出拒稿、修改或录用等决定。整个投稿过程漫长、烦琐，需要作者灵活运用一些原则和技巧，以提高论文修改质量、提升录用的可能性。

## 4.2.1 投稿基本原则

论文投稿应严格遵循如下几条基本原则：

第一，杜绝一稿多投。所有期刊对一稿多投深恶痛绝。尽量避免弄个英文版的同时，再倒腾出一个中文版，应做到每篇论文都是独一无二的存在。每个理工科生都有心仪的期刊，选择期刊时，应根据自己论文的创新水平，选择自己认为把握较大的期刊。

第二，理工科生投稿时，要把自己论文的"表面形象"做好，力争做到结构合理、层次分明、逻辑性强、表达规范准确，这样审稿人挑不出毛病，至少给个大修的机会，有助于让论文通过初审。如果审稿人轻易就能挑出一大堆毛病，如语法错误、结构不合理、实验不充分等，论文被拒是必然的。

第三，理工科生除了写好自己的论文，还必须认真听从审稿人和编委的意见，如果要拒绝某些修改，应该给出理由，不然的话，你的论文就危险了。

第四，理工科生常因一些事情而与某些期刊无法结缘，比如，三份审稿意见，其中两份正面评价，小修；唯独第三份以一个小的理由全盘否定了论文。由于 SCI、EI 期刊稿源充足，编委面对这种情况，一般会毫不犹豫地拒掉论文且不容许重投，这样这篇论文就不可能在该期刊发表了。这时，要保持平和心态。

审稿是一个花时间和精力的脑力劳动，可审稿人的审稿工作通常没有报酬，即使有也很微薄。比如，大多数 SCI 期刊论文审稿没有审稿费，而中文期刊每篇论文的审稿费通常不超过 200 元；同时，审稿人审稿时可自由发挥，可能给出非专业性的意见，甚至无理由拒稿。而录用的前提是所有审稿人都同意发表你的论文。这就是一篇论文投稿后必须面临的情况，也是每个理工科应该知道的情况。

通常，论文被拒是正常的，论文修改或录用是有难度的，为了给审稿人留下良好的印象，论文学术水平高很重要，但展现在审稿人面前的论文是什么样子，也很重要。论文是否按照期刊模板排版，英文表达是否得到充分的润色，直接决定审稿人能否准确地理解投稿人的工作，从而决定能否认可投稿人的工作。

## 4.2.2　借助论文模板

要准备论文投稿，就必然使用排版软件，目前有四种排版软件，如图 4.2 所示。

图 4.2　排版软件

## 1）排版软件

计算机排版系统 TeX 由 1974 年图灵奖获得者高德纳（Donald Ervin Knuth）发明。高德纳是计算机方面的"超级大神"，计算机科学的基本概念，如算法、数据结构由他提出。20 世纪 60 年代，他准备出系列专著《计算机程序设计技巧》，前三册已经出版，当他撰写第四册时，出版社拿来第二册的第二版给他过目，结果令他大失所望，原因在于出版社的印刷技术没有使他的书稿更好看，反而更糟糕了，尤其是数学公式和字体的缺陷令他无法接受。于是，他决定自己亲手弄一个计算机排版系统 TeX。1982 年他成功开发初版，之后进行了升级。

1984 年莱斯利·兰伯特（Leslie Lamport）在使用高德纳教授的 TeX 撰写并行计算方面的论文时，仍感觉 TeX 使用不太方便，于是编写了便于自己使用的宏包套件，并命名为 LaTeX，提供了复杂公式排版和科学文档格式的复杂方法，使得不仅在数学和计算机科学领域，而且在大多数科学领域，LaTeX 成为论文格式的标准。1985 年，他花两个月时间将 LaTeX 源代码整理出来，并编写出版了一本 LaTeX 使用手册《LaTeX：一种文稿排版系统》。莱斯利·兰伯特于 2013 年获图灵奖。

Microsoft Word 和 WPS Word 也是撰写论文常用的排版软件。两种 Word 提供了许多易于使用的文档创建工具，同时提供了丰富的功能集供创建复杂的文档使用，且采用所见即所得的方式书写论文。而 LaTeX 与两种 Word 不同，由 LaTeX 编写的文档需要经过编译解释才能生成 PDF 等格式的文件，即所见不是所得。LaTeX 最大的优势在于对数学公式、表格、图片、参考文献的支持度非常高。

图 4.3 对比了由 Word 编辑的一段含数学符号的文字和对应的由 LaTeX 生成的 PDF 文档。从图 4.3 可以看出，由 LaTeX 编译而生成的 PDF 文档排版更美观。由于理工科论文大都含有数量较多的数学符号和数学公式，强烈建议理工科生优先使用 LaTeX 对论文进行排版。

考虑预防性维修和能耗的不相关并行批处理机调度问题描述如下。存在 $n$ 个工件 $J_1$, $J_2$, …, $J_n$ 和 $m$ 台不相关并行批处理机 $M_1$, $M_2$, …, $M_m$, $p_{ki}$ 表示在批处理机 $M_k$ 上加工工件 $J_i$ 的加工时间，工件在不同机器上的加工时间是不同的，$s_i$ 表示工件 $J_i$ 的大小，$\theta_i$ 表示工件 $J_i$ 的类型，$q_k$ 表示批处理机 $M_k$ 的容量，不同的批处理机有不同的容量，工件可以根据容量和类型划分为多个批，$B_{ki}$ 表示在机器 $M_k$ 上第 $i$ 个批。

（a）Word 文档

考虑预防性维修的绿色不相关并行批处理机调度问题描述如下：存在 $n$ 个工件 $J_1$, $J_2$, …, $J_n$ 和 $m$ 台不相关并行批处理机 $M_1$, $M_2$, …, $M_m$, $p_{ki}$ 表示工件 $J_i$ 在批处理机 $M_k$ 上加工时间，$s_i$ 表示工件 $J_i$ 的大小，$\theta_i$ 表示工件 $J_i$ 的类型，$q_k$ 表示批处理机 $M_k$ 的容量，根据机器容量和工件类型形成一定数量的批，每个批由同类型工件组成。$B_{ki}$ 表示 $M_k$ 的第 $i$ 个批。

（b）LaTeX 文档生成的 PDF

图 4.3　两种排版软件效果对比

## 2）论文模板

论文模板是用来编辑论文内容的样板，要求完成后的论文满足论文模板中给出的各种格式上的要求。目前，大多数期刊都提供两种模板：Word 模板和 LaTeX 模板。图 4.4 描述了期刊《控制与决策》Word 模板的一部分。

控制与决策论文模板说明 小 2 号黑体

"摘要""关键词""中图分类号""文献标识码"用小 5 号黑体　小 5 号仿宋体,段落左右各缩进 2 字.

**摘　要:** 本文给向《控制与决策》投稿的作者提供一个中文 LaTeX 模版,详细说明了本刊编排要求,其中包括:文题、摘要、关键词,正文等撰写要求;定理、定义、推论等的引用;公式的例子,图形的插入;表格的制作以及参考文献、作者简介等内容.请作者认真阅读,并在相应的位置填入相应的内容等等,模板版面设置参数不允许修改.

关键词: 关键词 1; 关键词 2; 关键词 3; 关键词 4; 关键词 5; 关键词 6

中图分类号: (作者自行查找)　　文献标志码:A

DOI: (编辑给出)　　开放科学 (资源服务) 标识码 (OSID)　　A

3 号 Time New Roman 加粗, 首字母和实词首字母大写　　小 5 号 Time New Roman 体

**The Guide of the LATEX Template for preparing the manuscript of Control and Decision**

Abstract: This article is designed to help in the contribution for Control and Decision. It is divided into several sections.

It consists of the styles and notes for the main text, the mathematical writing style and the topic of drawing tables and

inserting figures respectively. The residuals deal with references, acknowledges, etc.　小 5 号 Time New Roman 段落左右各缩进 2 字.

Key words: key word1; key word2; key word3; key word4; key word5; key word6

**0 引　言** 小 4 号标宋

本模板为初次投稿模板,由于本刊实行双盲评审制度,请不必将作者姓名、单位及基金项目添加在稿件中,具体作者信息请在稿件系统中如实填写.

**1 编排要求** 小 4 号标宋

文中需特别说明的内容主要有以下几个方面:

1) 文稿中题目、作者、单位、摘要、关键词、参考文献等应齐全. 要求立论正确,论证严谨,论据充分,数据准确,语言通顺,文字流畅,标点符号正确;特别应具有学术性、创新性和前沿性.

2) 中文摘要应体现目的、方法、结果和结论 4 要素,中文摘要以 300~400 字为宜,一般不用第一人称.

3) 关键词应能反映文章的主要内容,以 6~8 个为宜. 中文关键词一般不用英文 (人名等除外).

4) 综述、论文、短文等文章按中国图书馆图书分类法进行分类.

收稿日期: 一年一月一日; 录用日期: 一年一月一日.
通讯作者: E-mail: □□□□.

"收稿日期""修回日期""通讯作者"用小 5 号黑体,内容用小 5 号宋体.

5) DOI 号由编辑修改,作者无须修改.

6) OSID 码,作者自行觉得是否添加.

7) 英文摘要内容应与中文摘要一致. 可用第一人称,时态和语态不做统一要求. 对于首次出现的英文编写,不常用的应给出原文,常用的可以不给,如: PID, LMI, GA, T-S, MIMO 等.

8) 文中引言部分一般介绍研究背景及现状,但要简明扼要,尽量不要出现大量公式及定理性内容.

9) 正文中凡表示人名、地名、专有名词、计量单位、专用符号等外文,一律用正体. 如 Goodwin, NewYork, GA, kW, $H_2O$, sin, lim, max, sup, diag, 时间 s, 长度 m, 微分 d, 指数 e, 连加 $\Sigma$, 圆周率 $\pi$, 增量 $\Delta$, 转置符号 T, 虚数 i(或 j) 等;凡表示变量或一般函数的外文字母,一律用斜体. 如: $y(k) = C(k) + E(k)$.

10) 一般的文章包含一级标题、二级标题甚至三级标题,例如:2;2.1;2.1.1 等.

11) 文章中的数学符号,例如 $x, y, Z$ 等.

图 4.4 《控制与决策》Word 模板的一部分

图 4.4 所示的模板规定论文各部分的格式,包括题目、摘要、关键词、引言、结论等的字体和字号,二级标题和三级标题的字体和字号,各部分如参考文献、人名、地名、专用符号、数学符号、

图、表格、参考文献及其引用等的详细规范。比如，文稿中题目、作者、单位、摘要、关键词、参考文献等应齐全。要求立论正确、论证严谨、论据充分、数据准确、语言通顺、文字流畅、标点符号正确；特别应具有学术性、创新性和前沿性；中文摘要应体现目的、方法、结果和结论四要素，中文摘要以 300～400 字为宜，一般不用第一人称。表格结构应简洁、明确，尽量采用三线表即表格中没有竖线，只有三条横线（特殊情形除外），表名在表格的正上方，表中参量应标明单位，过长的表格可以通栏；结论部分，模板特意强调内容勿与摘要、引言相同，等等。

制作 LaTeX 模板时，要确定文档类（document class）和可能的宏包（package），创建新的".cls 文件"来定义页码布局、标题样式和章节样式等，添加必要的宏包，设计标题样式、页面布局等，创建示例文档（".tex 文件"）；然后进行测试和迭代，得到最终的模板。

LaTeX 模板也由期刊提供，理工科生只需打开其示例文件，将论文内容编辑到文件中，然后编译生成 PDF 文档。期刊《控制与决策》LaTeX 模板的示例文件为 template1019.tex。爱思唯尔集团旗下期刊 LaTeX 模板有"elsarticle-template-harv.tex""elsarticle-template-num.tex""elsarticle-template-num-names.tex"三种示例文件。三种示例文件的主要区别在于参考文献的排版格式。

既然提供了模板，理工科生应该使用 LaTeX 模板或按照 Word 模板的格式要求准备论文。多数期刊明确说明，稿件须符合征稿指南及模板要求。比如，不符合要求及逻辑不清、语句不通、影响阅读理解的稿件将被退稿（《计算机学报》），来稿若不符合科技期刊的写作规范和本刊格式要求，编辑部将视情况退作者重新整理（《控制理论与应用》）。

## 4.2.3　论文的润色

好论文都是改出来的，理工科生应本着对自己的论文认真负责的态度，在投稿前对论文的所有部分进行多次加工和润色，力争让论文的各个方面都达到较高的水平，让审稿人和期刊编委真切地感受到你在精心准备论文。

### 1）格式的规范与语言的润色

这是只需用点耐心就能做好的事情，具体描述如下：

（1）论文整体结构符合期刊要求。IEEE Transactions 期刊大都用双栏，爱思唯尔集团旗下期刊大都采用单栏，有的期刊如 *International Journal of Production Research* 要求所有图、表都放到参考文献之后，但应指出每个图、表在正文中的位置，在文中插入"Table 1 insert here"这样的提示。尽量让各节内容、各小节内容是均衡的，不能有的节或小节特别长，而其他节或小节特别短，甚至出现只有一段的小节或节，可将这些节或小节合并到其他节或小节中。一个节的小节不能只有 1.1，通常有 1.1 就意味着至少有 1.2，如果只有 1.1，则应直接去掉该小节的标题。

（2）图、表排版符合要求。有图有真相，在有必要的地方应多放图，但不能放一些不能揭示真相的图，图不能只是文字内容的简单重复。比如，以最大完成时间 $C_{\max}$ 和总能耗 *TEC* 为目的的生产调度问题，论文给出了 5 种算法关于 36 个测试实例基于选定评价指标的计算结果，图 4.5 描述了 5 种算法关于一个实例所得到解的分布图，该图形象直观地刻画了算法间的结果差异，图中不同算法的解用不同的符号来标记区分。此外，图与表的内容不要重复，表与表之间也不能重复，图、表中的文字字号要比正文字号小，表中数据小数点后的位数要一样，重点数据要加粗，如表 4.1 所示，粗体表示算法关于实例获得了最好结果。

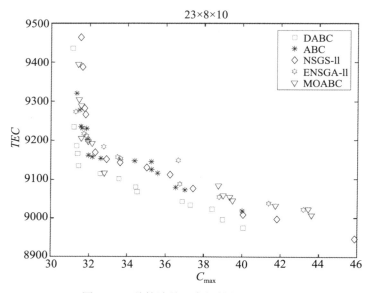

图 4.5　5 种算法关于实例的解的分布图

表 4.1　五种算法关于中大规模实例的平均值

| 实　例 | DABC | ABC | ALNS | LT-GOMEA | SSABC |
|---|---|---|---|---|---|
| 20.5.1 | **1.79347** | 1.79353 | **1.79347** | 1.80381 | 1.84423 |
| 20.5.2 | **1.82206** | **1.82206** | 1.95401 | **1.82206** | **1.82206** |
| 20.5.3 | **1.48658** | 1.61526 | **1.48658** | 1.50809 | 1.49362 |
| 20.5.4 | **1.37893** | 1.37893 | **1.37893** | 1.39738 | 1.40577 |
| 20.10.1 | **3.25253** | 3.40148 | **3.25253** | 3.36635 | 3.38442 |
| 20.10.2 | **3.08938** | 3.10858 | **3.08938** | 3.10760 | 3.14591 |
| 20.10.3 | **3.70226** | 3.78523 | 3.72576 | 3.77359 | 3.79132 |

（3）数学符号和公式相关细节。数学符号在全文中应唯一，不能同一个数学符号表示几个不同的变量。比如，用 $N$ 表示种群规模，又用 $N$ 或者 $N_1$ 表示任务数量或者第 1 个邻域结构。数学符号第一次出现时，应给出相应的解释，比如，$\Omega$ 表示外部档案，用来保留算法搜索过程中获得的非劣解。当公式过于复杂，超过页面宽度时，应注意分行。多个公式时，注意对齐。使用 Word 模板时，如图 4.3 所示，带数学符号后，行间距会明显变大，可点鼠标右键，在弹出的菜单中选"段落"，再选"缩进和间距"，将两个"如果定义了文档网络"前的方框中的对号去掉，降低行间距。

（4）参考文献细节。参考文献严格按论文模板进行编制。不是所有期刊论文都有页码和期刊名，爱思唯尔旗下大多数期刊上的论文不再有页码，而是给了一个 6 位数的论文号（Article Number），如 110091，在 Web of Science 和 Ei Village 搜索论文，如果不点击所搜论文，是看不到论文号的，以至于经常把论文号给弄丢。期刊名也容易弄错，见得最多的错是关于 IEEE 期刊，经常写成 *Evolutionary Computation, IEEE Transaction on*，而正确的写法应是 *IEEE Transactions on Evolutionary Computation*。参考文献目录中的文献必须在正文中引用，同样，正文中引用的参考文献也要出现在参考文献目录中，可采用 Word 或 LaTeX 的交叉引用功能。

此外，图、表、数学公式所在的位置与第一次提到它们的位置尽量在同一页。比如，图 4.4 描述了 5 种算法关于一个实例所得到解的分布图，这是第一次提到图 4.4，这句话尽量与图 4.4 在同一页，最多跨一页。

除了格式上的要求外，在不影响正确意思表达的条件下，应删减不必要的词语，让语言简洁。比如，理工科英文论文主要采用被动语态，被动语态的句子翻译成中文，往往无须加"被"。"Many results are obtained."对应的中文表达为"得到了大量结果"，但理工科生喜欢加"被"，像"×××很少被研究"这样的句子时常出现在论文中，去掉"被"的写法是"×××研究进展很小"或"研究者很少关注×××"。

第一次写英文论文时，理工科生要特别注意语言的矫正与润色。论文中随处可见语法和拼写错误，容易在审稿人心中留下不良印象。可使用一些润色"神器"，比如，经典润色插件 Grammarly，作为插件嵌入 Word 或浏览器，能帮理工科生"挑错"，将论文错误内容用红色下标显示，并对不当用词、论文格式、可替换词等进行一系列专业化的检查。

## 2）准确性与逻辑性的润色

表达准确是论文撰写的第一要务。表达不准确，审稿人难以领会到理工科生要表达的真实意思，无法对论文工作的创造性作出准确的评价，只能拒稿。论文的关键部分如题目、摘要等需要理工科生仔细琢磨、反复提炼，才能给出准确的表达。表 4.2 对比了润色前后同一篇论文的题目和摘要。考虑期刊论文题目不得过长（如超过 25 个字），在原题目中去掉了"带""和无阶段优先级约束"。由于无阶段优先级约束不是问题的关键约束，为了减少字数，将其从题目中去掉。原摘要中，算法为双反馈人工蜂群算法，经过作者仔细推敲，发现将论文策略定义为反馈不太合适，更改了算法名称；去掉了跟随方式、主动跟随蜂阶段、被动跟随蜂阶段的相关描述，而改成基于自适应交流的跟随蜂阶段；去掉了一处不准确的表达"通过大量实例的对比算法表明"。此外，润色后，算法的 3 个阶段的前面都添加了体现每个阶段新意和特点的词或短语，比如动态雇佣蜂群阶段、自适应侦查蜂阶段等。从表 4.2 可以发现，润色后的摘要更加精练。

表 4.2　润色前后对比

| 考虑带批处理机和无阶段优先级约束的绿色模糊混合流水车间调度研究 |
| --- |
| **摘要**：针对考虑带批处理机（batch processing machines，BPM）和无阶段优先级约束的绿色模糊混合流水车间调度问题（Energy-efficient fuzzy hybrid flow shop scheduling problem，EHFSP），提出了一种双反馈人工蜂群算法（Double feedback-based artificial bee colony，DFABC）以同时最小最大模糊完成时间和模糊总能耗。双反馈机制包括全局反馈机制和局部反馈机制，其中基于进化差异性的全局反馈机制用来动态决定每一代中雇佣蜂群和跟随蜂群以及跟随方式。局部反馈机制依据上一个雇佣蜂的更新情况动态调整当前雇佣蜂的搜索策略。当跟随方式为主动时，执行主动跟随蜂阶段；否则执行被动跟随蜂阶段，还应用了多样性保持策略以及新型侦查蜂阶段。通过大量实例的对比算法表明，DABC 在求解考虑带批处理机和无阶段优先约束的 EFHFSP 方面具有较强的优势。 |
| **考虑批处理机的绿色模糊混合流水车间调度问题研究** |
| **摘要**：针对考虑批处理机（Batch processing machines，BPM）和部分阶段无优先关系的绿色模糊混合流水车间调度问题（Energy-efficient fuzzy hybrid flow shop scheduling problem，EHFSP），提出了一种动态人工蜂群（Dynamical artificial bee colony，DABC）算法以同时最小化最大模糊完成时间和模糊总能耗，给出了基于种群评估的种群裁定方法以在每一代动态决定雇佣蜂群和跟随蜂群，并应用了动态雇佣蜂阶段、基于自适应交流的跟随蜂阶段、多样性强化策略以及自适应侦查蜂阶段，进行了仿真实验，实验结果表明 DABC 在求解考虑 BPM 和部分阶段无优先关系的 EFHFSP 方面具有较强的优势。 |

逻辑性强应体现在论文的方方面面。比如，正文部分的各个小节之间的逻辑关系要理顺，润色前，表 4.2 所示论文的第 2 节一共有 6 个小节，小节个数偏多，如图 4.6 所示，其中 2.3 节是双反馈

机制，2.4 节为雇佣蜂阶段、跟随蜂阶段、侦查蜂阶段。在 2.3 节描述全局反馈。"全局反馈机制描述如下：1）当条件 ××× 满足时，则……，执行主动跟随"；2）当条件不满足时，则……，执行被动跟随。"然而，作者并未在该小节接着介绍主动跟随和被动跟随的过程，而将两个跟随放在随后的 2.4 节中，却在全局反馈未交代清楚的情况下分析上述两种情况出现的原因。显然，2.3 和 2.4 两节之间的逻辑关系比较混乱。润色后，全节共 5 个小节，2.3 节种群裁定方法用来动态确定雇佣蜂群和跟随蜂群，2.4 节为 DABC 的三个阶段。

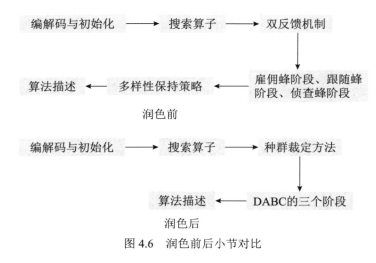

图 4.6　润色前后小节对比

## 3）润色没有捷径

只要理工科生将自己的论文多检查几遍，就能排除大多数格式和语言方面的不足。电脑上看不出毛病，打印出来就能发现一些错误；有些漏洞自己看不出来，可导师、同学一看就能发现；

天天看，找不到缺陷，放几天再看，总能碰到一些以前未发现的表达问题。

个人认为，理工科生论文写作和润色水平的提升，主要靠练。本人在硕士生、博士生培养过程中，非常注重对他们的论文写作水平的培养，关于论文的表达规范、排版细节、五大要素的写作技巧会反复讲。可阅读他们的第一篇论文，常常发现，我的宣讲基本不起作用，作为科研新手，该犯的错一个不少，论文逻辑混乱、啰里啰唆，也是常态。

面对糟糕的初稿，理工科生应积极配合导师，认真加工和润色论文，珍惜每次练习的机会，参考学术论文写作方面的书籍，多写，多揣摩并理顺其中的逻辑关系。有的导师会帮理工科生润色论文，甚至推倒重写，即使这样，理工科生也要自己动手，并对比自己和导师的文本，从而提升自己的写作和润色水平，早日实现独立撰写论文之目的。

## 4.2.4　搞懂审稿流程，掌握出版节奏

图 4.7 描述了期刊论文的审稿流程。当查重后发现重复率过高时，编辑会直接退稿而不让论文进入审稿过程。从同行评议到论文修改，可能经过 0 次或多次循环，才能确定是否所有审稿人同意录用论文。循环 0 次，意味着同行评议后，至少一个审稿人拒稿，自然就不满足所有审稿人都同意录用的条件，论文被退稿。循环多次后，也可能被退稿。当所有审稿人都同意录用论文，由主编终审确认后，论文才被录用。

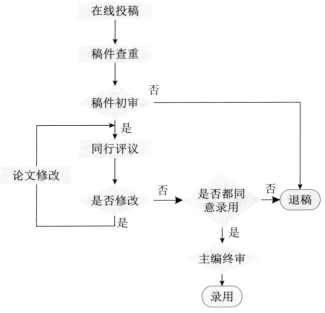

图 4.7　审稿流程

　　论文投稿时，一周之中，具体哪天投稿最顺利，即录用比例高？估计大多数理工科生听到这个问题都会一脸蒙，难道投稿也要选个黄道吉日？罗马里亚学者 Boja 等人在 Springer 期刊 *Science Metrics* 上发表对这个问题的研究结果，他们从 *Nature*、*Cell*、*PLOS ONE* 和 *Physica A: Statistical Mechanics and its Applications* 这四本期刊官网抓取了投稿系统接收稿件的日期，一共抓取了 2001—2016 年的近 18 万篇论文，分析结果如图 4.8 所示。

　　如图 4.8 所示，根据分析结果，相较于其他时候，星期二投稿，*Physica A*（17.7%）和 *Nature*（18.4%）录用可能性较高；如果要投稿 *PLOS ONE*，最好在星期三提交（18.5%）；而投稿 *Cell* 的"黄道吉日"则是星期一和星期二。从图 4.8 中可清楚地发现，周末投稿绝对是个错误的决定，录用可能性显著下降。这个结论也被 2016 年发表于 *Physica A* 的另一篇论文所证实。因此，理工科生周末可以加班赶程序、做实验，但一定不能加班投稿。

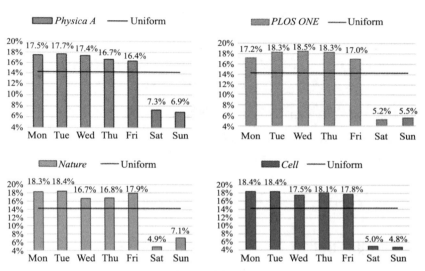

图 4.8　分析结果

审稿过程漫长，循环反复，结果往往不尽如人意，令第一次投稿的理工科生心急。无奈期刊主编、副编、编委都要按流程工作，以至于论文投到期刊后，几个月无任何状态更新，令每天上投稿系统观察状态变化的理工科生着急不已。忍不住的理工科生常常会出手，发邮件，于是，经常出现了如下状况：

- 投出去一个星期，还是 with editor（审稿中），发邮件
- 投出去一个月，还是 with editor，发邮件
- 投出去 8 个月，还是 under review（审核中），发邮件
- 投出去 9 个月，终于 pending with decision（审理中），发邮件

理工科生完全忘记了国内外 SCI、EI 期刊的编委、副编、主编

只是一份学术兼职，他们都是有自己本职工作的学术大牛，工作日要上课、带研究生、做实验、跑项目、争取各种层次的人才帽子、报各种层次的科学技术奖励等，周末通常还要参加各个学术研讨会和学术交流会，都很忙。如果不给编委和主编发邮件，而是通过投稿系统，则很可能无人回应，因此，不宜频繁催稿。

不过，也不是不能催稿，很多情况下可以发邮件询问。比如，某个期刊大多数情况下，6个月就能给一个审稿结论，可你的论文处于某个状态已经超过6个月，这时，你可发邮件向期刊反映论文处理被延迟，请求对方尽快处理。

期刊审稿多采用同行评审，为什么不得不依赖同行评审（Peer Review）？

## 4.3 期刊评审 ≫

期刊评审是一项严重依赖同行专家的活动。由于研究方向的专门化和细化，大多数研究者只从事1～2个研究方向的研究工作，使得即使学富五车、学术水平超级强的SCI、EI源期刊主编和编委们也无法对自己所负责期刊板块的所有投稿论文给出准确的学术判断，他们仍然需要邀请2～5位同行专家，对所评审论文给出准确且客观的评价，指出论文存在的不足。更何况，在论文大爆炸的今天，主流期刊，甚至顶刊的审稿工作量显著增加，比如，*Expert Systems with Applications* 一年接收10 000篇论文投稿，不依赖同行专家，审稿周期将显著延长，期刊甚至可能无法正常运转，因此，同行评审是期刊十分聪明的选择。

## 4.3.1　同行评审

同行评审于 1665 年由英国皇家学会创办的学术期刊《哲学会刊》首创。最开始，同行评审只是帮期刊挑选合适的问题，随着研究论文数量激增，同行评审决定论文被拒或返修，成为全世界期刊的通用做法。

根据审稿人和论文作者之间的了解程度，同行评审可分为：

- 双盲评审
- 单盲评审
- 公开评审

双盲评审指审稿人和作者均不了解对方。为了实现双盲，期刊编辑部需要对论文作者和审稿人双方的隐私信息进行检索、替代和隐藏，会给编辑部带来额外的工作量。这限制了双盲评审在期刊中的应用，导致期刊更乐意使用单盲评审。

单盲评审指作者不知道审稿人，可审稿人知道作者的信息。该方式要保证审稿人的信息不被披露。目前，大多数期刊采用单盲评审。

公开评审指作者和审稿人彼此知晓，这样做透明度最高。

通常，初审通过的论文被期刊编辑送到 2 ~ 5 位同行审稿人手上，由审稿人进行评阅并给出审稿意见。一般都会给一个审稿截止日期。当截止日期快到时，投稿系统会自动发邮件，提醒审稿人加快审稿进度。如果过了截止日期，某个审稿人仍未提交审稿意见，而编委认为反馈给期刊的审稿意见份数已足够多，期刊会发邮件告诉该审稿人不需要他的意见。

不同期刊的审稿要求不一样。有的期刊除了要求具体的审稿意见，还需完成关于论文的问卷调查，有的只要求提供审稿意见即可。大多数期刊存在五种评审结论，包括 reject（拒稿）、reject and resubmit（修改后重新提交）、major revision（大修）、minor revision（小修）、accept（录用）供审稿人选择。编委收到审稿人的审稿意见后，根据所有审稿人意见，也会给一个评审结论（应是上述五种结论中的一种）。通常，只要有一个审稿人拒稿，编委会直接拒稿，当所有人都至少同意修改后重新提交，编委才决定让论文作者修改论文。

理工科生不要指望一轮评审完成后，论文直接录用，那可能是学术大牛或受邀为期刊写综述论文的作者才能享受的待遇。理工科生投稿，能拿到一个 reject and resubmit 就已经胜利了。reject and resubmit 也算拒稿，再投时，投稿系统会重新分配一个论文编号。它既为作者保留了录用的希望，也为期刊降低录用率作了贡献。

## 4.3.2  同行评审弊端

专业性同行评审意见能大幅提升论文水平，可奇葩评审过程和意见真不少。一篇论文，二三四五个审稿人，各提六七条意见，等了八九个月，十分辛苦地修改，然后拒稿了，一切归零。科研人员苦同行评审久矣，连大名鼎鼎的爱因斯坦都曾被同行评审意见气得掀桌子，生气之后还得乖乖地按审稿人的建议修改论文。

同行评审存在如下弊端：

（1）引用率操作。爱思唯尔公司通过研究发现，部分审稿人会鼓励作者引用审稿人自己的论文，作为交换，审稿人会给论文正面的评审意见。由于缺乏审稿回馈机制，无法限制审稿人不强迫作者引用审稿人自己的论文。

（2）马太效应或者歧视。马太效应指审稿人发现论文作者中有本领域知名专家时，倾向于给予正面的评价，期刊编委和主编也会优先考虑发表这样的论文；反之，英语国家审稿人看到来自非英语国家的论文，可能认为论文润色不够。著名高校的审稿人对来自某个地方高校的稿件，也可能固执地认为论文学术水平不高，从而造成歧视。

（3）论文数量飙升而审稿人增长缓慢之间的不平衡。2016 年 *PLOS ONE* 的一篇论文对 1990 到 2015 年生物医药行业的期刊论文进行调研，发现 20% 的科学家承担了 69% ～ 94% 的审稿任务。审稿人审稿负荷显著增加，"审稿人疲劳"越来越严重，直接导致同行评审的质量严重下滑，大量优秀论文因此被拒，而一些不合格的论文，甚至造假的论文却得以发表。

（4）同行评审造假或者恶意剽窃。同行评审造假是期刊撤稿的重要原因之一。2022 年 9 月，Hindawi 出版社因作者操纵同行评审，撤回 16 家期刊共 500 多篇论文。同行评审造假可能是因为期刊要求作者推荐审稿人，作者提供了虚假审稿人或者自己熟悉的审稿人；单盲或双盲评审对审稿人的保密措施使得即使审稿人做出了不合适或者虚假的评审意见，也无须承担责任，甚至审稿人将作者的论文拒稿后，剽窃作者论文后发表，作者也常常无可奈何。

面对同行评审的诸多弊端，不少人给出了解决办法。比如，维特克·特拉茨创造了 F1000 平台。该平台是全世界最大的由医学和生物学专家组成的出版后同行评议暨专家导读服务系统，其中一个子平台 F1000 Research 采取出版后评审，其具体过程如图 4.9 所示。该图来自链接 https://www.sohu.com/a/551577278_120580219。

这种评审过程在能快速发表论文的同时，也确保了论文的质量、再现性和同行评议的透明性。

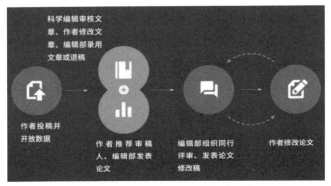

图 4.9　F1000 Research 的审稿过程

## 4.4　评审意见处理攻略 »

评审意见处理指根据评审意见修改论文并回复评审意见。所有期刊要求上传修改稿的同时，上传评审意见回复，具体说明和解释论文修改过程，清楚交代针对每条评审意见如何修改，修改之处具体在论文哪个小节的哪些段。理工科生面对人生中第一篇可以修改的论文，做到论文修改彻底、评审意见回复具体详细、让审稿人深切感受到感激和诚意，方能打动所有审稿人。

### 4.4.1　评审意见处理原则

考虑 SCI、EI 期刊录用率低，一旦理工科生收到至少是 reject

and resubmit 的审稿意见，论文修改就此拉开大幕。论文修改与初稿写作存在明显不同。初稿写作是自由创作，按照自己认为的创新性完成论文撰写，而论文修改不能以作者自我为中心，应以审稿人审稿意见为指南，按照他们的意见修改论文。

理工科生应遵循如下原则对待审稿人：

- 请尊重并感谢审稿人的辛苦工作
- 避免攻击审稿人
- 当审稿人看不懂你的论文，提出一些不恰当的意见时，请理性对待

以上 3 条原则的核心就是尊重审稿人。审稿人花时间和精力为你的论文完善提供专业的建议，理工科生作为论文作者理应感激。实际上，理工科生的论文写作水平能够不断提升，大都得益于审稿人提出了宝贵的专业意见。

评审意见回复的具体做法如下：

- 逐条回复专家意见，不可有遗漏，每条回复都以 "Thank you"（谢谢）之类的感谢开头
- 遇到审稿专家不恰当的意见，若能修改，就尽量按意见修改；若不能修改，也要修改，但告诉审稿人按他的意见做不到
- 遇到不知如何回复某条审稿意见时，应反复阅读这条意见，找出审稿人的真正要求，切忌仓促回复，导致事与愿违
- 对审稿人提出的实验补充、结果分析完善、文献综述重写等要求应尽量满足
- 专家指出的地方要修改，没指出的地方若错了或者不好，也要修改，修改痕迹要标出来，尽量做到每一页都有较多修改痕迹

以上做法的目的很明确，就是让审稿人感受到作者对他的尊重。

若侥幸获得 TOP 期刊的修改机会，首先恭喜你获得了一生中难得的机遇，达到了新的学术高度；其次，切莫浪费机会，毕竟大多数理工科生一辈子能发的顶刊论文数量有限。这时，你可能面临工作量巨大的修改任务。比如，审稿意见可能比你的论文还长，可能要补超多实验和理论分析，审稿人每轮都换，且这一轮意见与上一轮意见可能相悖；最后，老老实实按照审稿意见修改，修改时间不够，可申请延期提交修改稿。

## 4.4.2　期刊论文评审意见处理策略

审稿人大多数的评审意见是合适和恰当的，对理工科生提高论文质量有极大帮助，但总会出现一些让理工科生及其导师都难以处理的审稿意见，下面描述几条具体的评审意见以及相应的应对策略。

### 1）列出一大堆论文要求作者引用

这是经常出现的评审意见，比如："Production scheduling is extensively studied problem and there is a large body of literature. There are publications that present efficient and effective scheduling methods for very complicated scheduling problems and these problems are from real-life applications with some of them involving multiple objectives, a few of them are listed below, thus, it is necessary to extend the literature review by reviewing these meaningful studies in production scheduling."（生产调度得到广泛研究，出现了大量文献，部分文献是关于如何采用高效调度方法解决复杂调度问题，这些问题来自实际应用，其

中一些涉及多个目标，下面列出了其中一些，因此，有必要通过回顾这些有意义的生产调度研究来扩展文献综述。）然后在下面列了十几篇文献，其中大多数文献与论文的主题无关。

如果理工科生的确漏掉了一些文献，补上这些文献合情合理，也能让论文更加完善，但审稿人要求理工科生引用的文献往往与论文主题或问题无关。面对这种情况，理工科生该如何处理？断然拒绝审稿人的要求，很可能被审稿人拒稿，可采取折中的办法，适当引用审稿人列出的文献，同时解释为什么未引用其他论文。比如，强调审稿人要求引用的论文的确与自己的论文主题无关，假如论文主题是作业车间调度问题的优化，而要求引用的论文却是基于 Petri 网的控制方法，两者显然无关。一般审稿人会接受这种解释。

## 2）不太专业的审稿意见

审稿人可能未弄清楚论文的真实意思，给出了一些明显不合适的审稿意见。比如：

（1）"The proposed method has many parameters. Whether they all used?"（所提出的方法具的很多参数，是否这些参数都用到？）

（2）"If have some problems understanding the ABC description: What happens if a food source is not selected by a onlooker, is a new one randomly generated for the abandoned one? In scout phase if *triali* exceeds *Limit*, the food source is also dropped, which means it was not possible to improve x_i over a certain amount of time. But this can also mean that x_i is a（local）optimum, which is dropped?"（关于 ABC 描述存在一些问题：如果一个食物源不被跟随蜂选中，会怎么样？是否从被丢弃的蜜源中随机产生一个新解？侦查蜂阶段，如果 *triali*

大于 *Limit*，食物源被丢弃，这是否意味着在一定时间里 x_i 无法得到改进，x_i 为局部最优解，要丢弃哪个解？）

（3）"What is the Taguchi method? What is an orthogonal array?"（田口方法是什么，正交表是什么？）

以上意见中，针对意见（1），显然，方法的所有参数都要用到，不用的参数还是方法的参数吗？对于意见（3），田口方法（Taguchi method）是确定算法参数的常见方法，正交表（orthogonal array）是大多数理工科生学过的，可审稿人偏偏提出与此相关的意见。意见（2）表明审稿人不太懂人工蜂群（ABC）算法，审稿人可能未仔细阅读论文对该算法的介绍，才提出不太专业的意见。

面对审稿人提出的不太恰当的意见，理工科生应该感到高兴，回复属于自己知识范围内的意见太容易了，只是在回复意见时，不能添加"田口方法是确定算法参数的常见方法，正交表是大多数理工科生学过的"之类的话，让审稿人尴尬，严重违背让审稿人如临秋水、如沐春风的基本原则。

### 3）让作者忍不住要"say no"（说不）的评审意见

哪些意见会让作者忍不住要"say no"，比如：

（1）"The ranking methods of the operation on fuzzy number are not clear and seem too general, especially for the stated criterion 1 to 3."（模糊数比较所用到的准则 1～3 描述不清晰，太一般。）

（2）"It is not logical to use parameter setting that were presented in the literature review."（不应该使用现有文献的参数。）

（3）"Authors should present a mathematical model to compare the proposed ABC（人工蜂群）in small scale with exact algorithm（精确

算法）because the validation of the solution methodology and correct solution space should investigate. After presenting mathematical model, some small sized test problem should be solved by proposed ABC and exact solving approaches."（为了验证求解方法的有效性，作者应给出一个数学模型来比较所提出的人工蜂群算法与精确算法，当模型建立后，应当用两种算法求解一些小型试验问题。）

意见（1）是关于模糊数的比较，这是一个常识性东西，所有模糊调度的论文都这样描述模糊数的比较方法。意见（2）关于对比算法参数，审稿人认为不应该直接用对比算法原有的参数。意见（3）关于数学模型与精确算法，精确算法只能求解小规模问题，且需要仔细设计，可论文研究 ABC 算法，如果再加一个精确算法，论文的五大要素都要修改。

上述三条意见容易让没经验的理工科生直白地告诉审稿人，"这是模糊数比较的常识，模糊调度论文都是这样写的""直接用对比算法原参数是有逻辑的""我的论文主要目的用 ABC 算法解决大规模复杂问题，而用精确算法解决小规模问题，没必要对比精确算法与 ABC 算法"。

对于意见（1）和意见（2），上面列出的两句话都不能反馈给审稿人，而是仔细介绍模糊数比较的三个准则，让其表达得更清晰；摆事实说明用对比算法原参数是合理的，比如"通过实验表明，对比算法原参数所获得的结果明显优于其他参数"。对于意见（3），数学模型和精确算法都没必要添加，但理工科生不能全盘拒绝审稿人的要求，"我们建立了数学模型，尝试用精确算法对问题求解，可没有现存可用来求解的精确算法"，尽量按照审稿人的意思办，哪怕最后实在办不成，也能获得审稿人的理解。

### 4）关于表达规范的评审意见

对于未曾在英语国家留学的理工科生来说，写英文论文时，表达准确与规范始终是个大问题。论文评审意见中关于表达规范的意见总有一两条。"The author should double check and modify English grammar and sentence structure through revise the whole paper."（作者需全文仔细检查语法错误和句子结构。）"It would be better if the author recheck the English writing of the manuscript for possible grammatical errors and typos."（作者要仔细检查论文以尽可能地减少语法和拼写错误。）当审稿人找不到更合适的审稿意见时，一看作者来自非英语国家，可能不自觉地加上以上审稿意见。

作为非英语国家的理工科生，面对这些评审意见，只能认真地修改论文，仔细查找可能出现的错误。最好是找一个英语国家的同行一块撰写和修改论文，这样不仅能提高论文写作水平，还有助于学术水平的提升。退而求其次，可请专业的论文润色公司帮忙，虽然润色公司的人不一定懂你的研究方向，但还是能将你的论文写作水平提高不少。

### 5）审稿人出现了严重的理解错误导致拒稿，或者故意不予通过

一篇论文有 3 个审稿人，其中两个审稿人接到修改稿后，直接录用了论文，可第 3 个审稿人始终不予通过，即便作者明显做了相应的修改，第 3 个审稿人仍将原意见扔给作者。比如，"作者没有修改数学模型，目前的模型还是原来的，希望有决策变量的描述、具体的决策变量之间的约束等"这样的意见反复出现在评审意见

中，可作者每次都做了修改。

　　面对这种情况，理工科生应保持理智，认真修改论文，让编委看到你的确很配合，修改也很彻底。本人曾有一篇论文，第一次投稿，经过四轮修改，由于审稿人 A 始终不予通过，编委只好给了 reject and resubmit（修改后重投）的意见；第二次投稿，仍邀请审稿人 A；又经过三轮修改，审稿人 A 仍然不予通过，弄得编委也无计可施。最后，通过向主编申诉，由主编决定。还好，主编录用了论文。

　　如果是严重理解错误导致拒稿，只能走申诉之路，申诉时应给出充分且逻辑性强的理由。

## 4.4.3　学位论文评审意见处理策略

　　目前，学位论文评审主要采用双盲评审，其评审意见处理与期刊论文评审意见处理有所不同。若学位论文盲审成绩满足答辩要求，无论是直接答辩，还是修改一个月后答辩，评审过程就结束了，论文修改和评审意见回复不用返给审稿人，而是在论文答辩时，汇报给答辩评委。如果盲审成绩较低，推迟答辩，则论文修改稿和审稿意见回复将返给审稿人。

　　期刊论文评审主要关注创新性及其水平、论文结构与规范、实验结果及分析等。对于理工科学位论文盲审，创新性、规范性也是重要评价内容。此外，还涉及选题及其意义，以及理工科生的基础知识、专业能力等。

　　通常，理工科博士学位论文盲审有四个评议项目：

● 论文选题与文献综述

- 创新性及论文价值

- 基础知识与科研能力

- 论文规范性与学风严谨性

关于论文选题与文献综述的评价要素包括选题的前沿性和开放性，研究的理论意义、现实意义，对选题相关的国内外研究现状的归纳和总结，对论文要解决的问题、目的和意义的论述等。关于创新性及论文价值的评价要素包括新机制的探索、新规律的发现、新理论与新方法的提出对解决自然科学、工程技术等领域重大和重要问题的推动作用，论文成果对科技发展的影响与贡献等。

基础知识与科研能力的评价要素包括论文是否体现出理工科生学科理论基础的坚实宽广和专门知识系统深入、独立从事科学研究的能力等。在论文规范性与严谨性方面，主要评价引文的规范性、论文结构的逻辑性、文字表述的准确性与流畅度、学风的严谨性等。

硕士学位论文的评议项目与博士学位论文类似。两类学位论文评议项目往往采用表格形式给出评价等级或评分。表 4.3 描述了理工科硕士学位论文盲审评议表。

表 4.3　理工科硕士学位论文盲审评议表

| 评议项目 | 评议要素 | 评价分数 |
|---|---|---|
| 论文选题与文献综述（20分） | 与博士学位论文的要素类似 | |
| 基础知识（10分） | 掌握理论基础和专业知识的程度，理论分析能力，对行业或研究领域的了解程度 | |
| 实践能力（20分） | 研究方法、实验或项目设计水平，技术手段或思路先进性 | |

| 评 议 项 目 | 评 议 要 素 | 评价分数 |
|---|---|---|
| 研究成果（20 分） | 成果的实用价值、理论意义，经济或社会效益，对解决实际问题的推动作用，论文工作量 | |
| 专业素质（20 分） | 综合运用专业理论、方法和技术手段分析和解决实际问题的能力 | |
| 写作能力（10 分） | 论文的条理性、层次，表述准确性，文风文笔，写作规范 | |

　　除了评议表的填写，还需给出学术评语。学术评语主要针对评议表的成绩给出具体的评审意见，主要对论文的学术水平和创新性进行简要评述，包括选题意义、论文创新点、学科知识的掌握、写作规范性和逻辑性等。此外，还要明确指出论文的不足之处，并给出论文的修改建议。最终，审稿人要给出学位论文的总体评价，以及是否同意答辩、是否推荐论文参加优秀论文评选等的意见。

　　总体评价通常是百分制，可分成几档，不同高校的规定不一样，通常分成 A、B、C、D 四档。A（90 ～ 100 分）：达到硕士学位论文要求，准予答辩；B（75 ～ 89 分）：达到硕士学位论文要求，需对论文进行适量修改后申请答辩；C（60 ～ 74 分）：基本达到硕士学位论文要求，需对论文进行较大修改后重新评阅；D（60 分以下）：未达到硕士学位论文要求。显然，只有前两档，才能同意答辩，只有 A 档论文才能被推荐参加优秀论文评选。博士学位论文盲审要求更高，修改论文的时间会更长。比如，B 档硕士论文修改一个月就能答辩，而 B 档博士论文可能要修改 3 个月才能答辩。

　　下面给出博士学位论文的盲审意见示例。

　　该论文题目为《基于帝国竞争算法的离散工业过程绿色调度问

题研究》。四个评议项目中，三个为优秀，一个为良好，总体评价为 92 分，同意答辩，并推荐参加优秀论文答辩。

具体学术评语如下：论文针对离散工业过程的绿色车间调度问题研究中存在的不足和问题开展了深入的研究，论文的创新性工作包括（此处省略 300 字，关于论文的主要内容）；论文建立的绿色车间调度模型和相应求解方法，对于进一步合理优化复杂的车间调度作业，进一步实现节能、减排和降耗具有较强的理论意义和现实意义。论文文献综述详细深入，归纳明晰合理。论文针对考虑总能耗等目的的绿色调度问题所提出的解决方法具有应用价值。论文体现出的理论基础很扎实、专门知识很系统深入，论文研究方法科学合理，体现出作者具有较强的科研能力。论文写作比较规范，行文严谨流畅。

论文的不足之处与建议，审稿人列了 22 个需要修改的地方，比如，第 26 页的 2.3.1 节采用 21 个实例进行测试，应该说明一下这 21 个实例的类型、特点，为何选用这 21 个实例，这 21 个实例是否覆盖了车间调度的各种情况、是否具有足够的代表性。

理工科硕士生和博士生在论文答辩时，需要详细向答辩专家讲述如何根据每项修改建议对论文进行修改，做了哪些修改。答辩专家如果发现修改不到位，会要求答辩学生继续修改。

# 4.5 论文没通过的原因有哪些 》

期刊论文和学位论文都有可能不通过评审或盲审，但两类论文通过率不一样。如前所述，大多数 SCI、EI 源期刊录用率在 10%

左右，通过率很低。而硕士、博士学位论文建立在一定数量期刊论文和会议论文基础上，且满足学校规定的毕业答辩条件才能让论文送去盲审，使得硕士、博士学位论文通过率比较高，往往通过是正常的，不通过才不太正常。两类论文通过率存在显著差别，导致它们不通过的原因也存在差异。下面具体描述两类论文的不通过原因。

## 4.5.1   期刊论文被拒原因探究

期刊论文被拒是正常的，不被拒才是不正常的。通常，论文录用的理由都是一致的，比如："This paper is very interesting. It is clearly and logically written, however several points must be addressed to be acceptable for publication."（论文工作令人非常感兴趣，论文撰写清楚且富有逻辑性；不过在录用之前，需要对一些地方进行修改。）论文被拒的理由则五花八门。

初审被拒，可能是论文重复比例过高，或者与现有工作相似性强，或者论文不适合在期刊发表。其中，不适合在期刊发表是常见的拒稿理由，不仅会出现在论文初审中，而且可能因为这个理由而将修改稿给拒掉。本人曾碰到这种罕见情况，有篇论文投到某个期刊，第一轮审稿结论为"大修"，且评审意见比较客气，第二论文评审后直接给拒了，还给出了如下意见："I am sorry to advise you that our referees have now considered your revised paper and unfortunately still feel that it is unsuitable for publication in ***."（非常遗憾，审稿人审查了您的论文，很不幸，审稿人认为您的论文不宜发表。）

审稿后论文被拒的理由也存在多种:

- 论文创新点不够或者明显不足,或存在关键性漏洞,比如 The main contribution of the manuscript is limited;理论证明中某个参数是错的,导致结论不成立

- 论文撰写方面缺陷较多。比如,English bad,有些句子错误或者表述不清;参考文献陈旧;排版不认真;公式大小不一,未统一用编辑器;The introduction and literature review part is chaos. It is difficult for readers to understand the problem. The key challenges of consisting both hybrid flow shop and assembly are not described. Current literature is not well organized and presented. The problem description is vague. (引言和文献综述混乱,读者很难理解问题,主要原因在于混合流水车间和装配都未描述,文献综述安排不合理,问题描述不清楚。)

- 实验结果方面,对比实验不足或不合理,对比方法过于陈旧,对比结果无优势,实验设计有缺陷

- 存在严重学术问题。比如,一稿多投,投向不同期刊的同一篇论文送到了同一个审稿人处,或者存在抄袭等

审稿人给予修改机会,修改稿返回后,依然可能被拒,理由也不少:

(1)由于直接拒绝了审稿人的修改要求而被拒。本人曾有篇论文的实验结果明显比对比方法占优,审稿人要求做统计分析,从统计意义上说明论文的方法的确占优,本人以实验结果优势已足够大为由,拒绝做统计分析,最终论文被拒。

(2)未按审稿人要求认真修改和回复,包括遗漏了部分意见

的修改和回复，或者修改后的论文未达到审稿人的要求。比如：
"The paper has been revised. From the responses it can be observed that the authors did not respond or tried to divert to the comments I raised in last round. For instance, the answer to the question of contribution is that they added more description. Similar answer is to the question on eligibility. However, the new descriptions still do not address these issues, and they bring more questions."（论文得到修改，但作者未回应或者尽力处理我在上一轮提出的审稿意见，比如，对论文贡献的回复反而引出了新的问题，关于可用性的回复也一样，而新一轮修改后，同样的问题依然存在，甚至引出了更多的问题。）

## 4.5.2　学位论文不通过原因分析

理工科学位论文盲审成绩未达到规定的分数（如 75 分），将判定为论文未通过盲审，一旦未通过盲审，答辩将延期。未通过盲审中比较严重的情况是盲审成绩不及格，在这种情况下，理工科生不得不延期 3 ～ 6 个月。盲审成绩不及格，主要是由于学位论文存在下列一种或几种问题。

- 工作量不足
- 学术成果关联性不强
- 规范性较差
- 创新性不足
- 逻辑性较差
- 概念表述错误
- 内容题目不对应

- 研究结论错误

- 涉嫌学术不端

其中学术成果关联性不强，指学位论文和发表的期刊论文之间没有关系，属于不同研究方向的工作。工作量不足、创新性不足、规范性较差是理工科硕士学位盲审成绩较差的主要原因。工作量不足和创新性不足直接导致研究成果这一项取得低分，间接影响专业素质和实践能力的评分。出现最后三个问题，尤其是涉嫌学术不端，肯定会被一票否决，直接给不及格。学术不端的学生还可能面临其他的处罚，如开除学籍等。

完整了解理工科研究的概念、路径，理工科论文的五大要素，投稿与修改，对前辈科学家、科研达人的科研事迹有所涉猎后，每个背负科研任务的理工科生要采用合理对策高质量完成自己的科研任务。

第 5 章

# 综合提升科研水平

理工科生从进校第一天开始，听到最多的词应该就是科研。开学典礼上发言的老师代表和学生代表多半是学校的科研牛人，开学期间参观各种科研实验室包括省部级重点实验室、国家重点实验室时，实验室工作人员一定会向参观学生宣讲实验室的研究成果，发表在国际顶级期刊（如 *Science* 和 *Nature*）上的论文及其广泛影响，服务于国家各项建设工程（如中国载人航天工程、中国载人深潜工程、中国大飞机 C919）的各种设计、论证和科研攻关，专利转化后所产生的巨大收益，获得的各种国家级和省部级科研奖励，实验室培养的科研达人骄人的科研成绩和令人羡慕的毕业去向，让参观的学生深刻感受到科研的巨大作用和魅力，从而下定决心好好做科研。

理工科生中，本科生刚从繁重的中学学业负担中解脱出来，大多数人对科研没有概念，不了解科研的内涵是整理、继承知识，以及创新、发展知识，觉得科研充满神秘感，对科研充满向往之情。学校对他们的毕业要求也比较初级，只需具有从事科学研究工作的初步能力即可。硕士研究生在本科期间有了一些基础的科研训练，如课程设计、毕业设计以及学科竞赛，部分保研的硕士研究生在本科生期间取得了一些科研成果（如论文和专利）。随着教育部及高校对研究生学位论文盲审力度的加大，没有足够有质量的科研成果，硕士研究生将很难顺利拿到学位。

博士研究生是我国科学研究的主力军，必须具备具有独立从事科学研究工作的能力，并在科学或专门技术上做出创造性的成果，才能顺利毕业。学校通常会对博士研究生的毕业条件加以规定，包括科研成果的种类、质量和数量等。近年来，清华大学和上海交通大学等高校取消了博士在校期间必须发表学术论文的硬性必要指标，北京航空航天大学和华东师范大学等明确不再将发表论文数量作为申请博士学位的限制性条件。这些高校均明确，学位论文质量是学位评定的主要依据。清华大学要求，学术性博士学位论文的创新成果应当在相关领域体现一流水平，具有创造性。其他高校也有类似规定，强调成果创新性是评价学位论文的重要参考。

可见，科研是理工科生尤其是硕士生和博士生必须走过的旅程，为了科研路上少些波折，少走弯路，理工科生要掌握一些科研攻略，包括结合自身研究兴趣，在导师指导下积极投身科研工作，不断提升科研能力，突破自我，让科研成果与科研水平一路走高，做出高创造性科研成果，成长为科研达人。

## 5.1 在导师指导下做科研 》

"导师"一词有多种含义，最早是**佛教术语**，是导引众生入佛道者的通称，唐朝王维的《西方变画赞》有"稽首十方大导师，能於一法见多法"，是**引路人**，"入大海之法，要须导师，然后可去"；是在政治、思想、学术或某种知识上的**指导者**，"左氏雄才，文章千古，上揖三代，下启百世，辟编年之途径，为史家之导师"；是高等学校或研究单位指导研究生的**教师**。无论是哪种含义，导师的作用是引路、指导、指点迷津。

对于大多数理工科生而言，科研是过去听说过而未亲身经历的事情。当高校或研究所要求理工科生做科研，出创造性的科研成果时，也会为理工科生安排导师，为理工科生的科研引路、指导、指点迷津。具体来说，导师作用包括如下几个方面：导师利用在自己研究方向上积累的经验和成果，确定新的研究方向，或者找到所在研究方向新的研究主题；培养和提升理工科生的科研能力；当理工科生研究陷入停滞或者遇到困难时，导师能对理工科生有所启发；让理工科生从科研菜鸟成为熟手，甚至高手。此外，理工科生与导师长时间相处，导师渊博的学识、严谨的科研态度、孜孜不倦的探索精神、正直善良的人品也会深深影响理工科生。

## 5.1.1　研究方向

研究方向指研究人员根据自己的研究兴趣、专业知识、研究背景与经验，结合学术前沿、社会需求，而选择的研究领域。不同的研究方向可能会有不同的研究对象、研究范围、研究方法、研究目标，但都需要研究人员具备扎实的学科基础和较强的科研能力，以便能够取得有意义、有价值的研究成果。

### 1）认识研究方向

理工科同一专业通常存在多种不同的研究方向。比如，计算机专业有四大专业方向：人工智能、计算机系统、计算机理论、交叉领域。人工智能是目前最火的专业方向，包括机器学习、数据挖掘、计算机视觉、自然语言处理、信息检索等研究方向。计算机系统可细分为如下几个具体的研究方向：

- 计算机体系结构
- 计算机网络
- 网络安全
- 数据库
- 嵌入式系统
- 高性能计算
- 移动计算
- 操作系统

交叉领域的研究方向有计算生物学、生物信息学、计算机图形学等，不过，即使进行了进一步细分，上述研究方向仍然比较宽泛。高校硕士生、博士生招生简章也会列出各招生专业的主要研究方向，比如武汉理工大学计算机科学与技术专业下面有四个招生研究方向：智能方法与智能系统、大数据理论与应用、高性能计算与云计算、网络与信息安全计算，仍然比较宽泛。

更详细的研究方向可参考相关学术会议的征文通知、学术期刊的投稿指南。比如，全国高性能计算学术年会征文涉及的领域包括高性能计算机体系结构、高性能计算机系统软件、高性能计算环境、高性能微处理器、高性能计算机应用、并行算法设计、并行程序开发、大数据并行处理、科学计算可视化、云计算和网格计算相关技术及应用及其他高性能计算相关领域。期刊 *CCF Transactions on High Performance Computing* 的征文范围包括高性能体系结构、超级计算系统、存储系统，以及高性能计算算法及应用等方面。图 5.1 描述了计算机系统相关的研究方向。

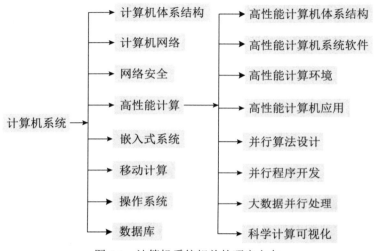

图 5.1　计算机系统相关的研究方向

　　学术会议的征文通知中的研究方向不是固定不变的,当新的研究方向出现或者旧的研究方向不再作为当前研究的重点,会议组织者将调整研究方向。以中国控制会议为例,有几个研究方向在过去十几年里一直都在征文范围内,比如系统理论与控制理论、非线性系统及其控制、复杂性与复杂系统理论、分布参数系统、稳定性与镇定、随机系统等。而遗传算法与演化计算、变结构控制等研究方向陆陆续续从征文范围中剔除,新的研究方向如智能制造与工业智能、新能源与节能环保控制、知识自动化等不断增加。

　　此外,学术会议往往包括一些专题研讨会,就一些更具体的研究方向组织同行专家进行专题研讨。以 AI 赋能的智能电网与能源互联网为例,该专题涉及多个具体的研究主题或问题,比如人工智能在智能电网规划、运行和调度中的应用,强化学习等人工智能技术在智能电网频率、电压控制、窃电分析、网络攻击等的应用。

一些研究机构如省部级重点实验、国家实验室有自己的主要研究方向。比如，某省普及型高性能计算机重点实验室主要从事普及型高性能计算机体系结构、系统软件和支撑软件研究，通用机型和面向特定重大应用的专用机型研制，开展普及型高性能计算机在云计算、海量数据处理、生物信息学和医学图像处理等方面的推广应用工作。高校的二级学院或中国科学院研究所都有自己主攻的研究方向。比如，中国科学院自动化研究所控制理论与控制工程专业的研究方向包括智能控制、智能机器人、精密感知与控制、博弈与决策智能，该专业超过 60% 的研究人员从事前两个研究方向的科学研究工作。这些机构的研究方向往往有一定的历史渊源，是机构在过去发展过程中逐步形成的。

同一专业的不同研究方向之间差异较大。有的研究方向偏理论，比如复杂性和复杂系统理论；有的研究方向偏应用，比如大数据分析与控制；有的研究方向既有理论前景，又有应用价值，比如智能机器人。但研究方向之间并无高下之分，只是在不同时期，各研究方向相关研究进展各异，以至于有的研究方向由于已得到广泛研究而稍显陈旧，甚至继续研究得到更有价值研究成果的可能性较低，而有的研究方向因是全新的领域，研究进展不大，具有广阔的研究前景和空间，备受研究者欢迎。

期刊更愿意拥抱新的研究方向以吸引更多的作者和读者，使得相关论文可投稿的期刊往往较多，论文发表难度相对较低。正因为如此，大多数理工科生和研究者对新的研究方向，尤其是热门研究方向，趋之若鹜，一拨拨的人选择新研究方向。最明显的例子就是最近几年的大热门——人工智能，招生专业只要与人工智能相关，生源就非常好，录取分数水涨船高，相关研究论文呈井喷式增长。

## 2）当研究方向没得选，怎么办？

每个理工科专业都有数量众多的研究方向。以计算机专业计算机系统这一方向为例，该方向可划分为 8 个更加细分的方向，而其中的高性能计算方向又包含近 10 个更加具体的研究方向，使得计算机系统专业至少具有 40 个研究方向，整个计算机专业具有至少 160 个研究方向。对每个理工科生来说，这些研究方向多半不是自己的"菜"，有的是因为不是自己的兴趣所在，比如计算机理论研究；有的是自己实力不够，根本做不来，比如计算机视觉。

关于研究方向选择，清楚地知道自己的研究兴趣，明确自己的研究方向，并顺利找到心仪的导师，通常是少数理工科生才有的待遇。大多数理工科生不可避免要遇到如下几个让人闹心的问题。

- 对导师指定的研究方向，完全不知道其为何物，一头雾水
- 对导师指定的研究方向，不感兴趣，或者缺乏信心
- 导师指定了大的研究方向，让自己选择小的研究方向，或者导师不指定研究方向

对于超出自己认知范围的研究方向，最简单的办法就是尽快搞清楚该研究方向。阅读文献，尤其综述论文能帮助理工科生快速了解该研究方向的前世、今生、来生。在文献选择上，尽量以近期发表在顶级期刊或顶级学术会议上的论文为主，近期的博士论文也可以找几本了解了解，通过文献阅读尽快搞清楚导师指定的研究方向，为下一步选题做好准备。

大多数导师的研究方向数量有限，且是密切相关的几个研究方向。比如，智能机电系统感知、控制与集成，或者是机器学习、强化学习、图像处理，即使是院士级别的导师，也有其重点研究领

域。比如，本人的博士后合作导师、武汉理工大学严新平院士重点开展船舶机械磨损故障监测与诊断，船舶轴系运行性能检测，船舶新能源与能效控制，航船舶感知与航行管控，智能航行与安全控制，船舶驾驶主动安全，水陆交通系统智能化、低碳化等研究工作。

当理工科生因对导师指导的研究方向不感兴趣或者缺乏信心，想调换研究方向却没得换或者导师不让换，被迫鼓捣自己从未打算碰的研究主题，或者怀着延期毕业的沮丧，决定利用自己明显不够的能力步入那噩梦般的研究方向时，应该恭喜这位学生成功迈出了第一步。有了第一步，只要坚持下去，就能一步步沿着自己的研究方向、在自己的研究领域里披荆斩棘，从一个研究问题走向另一个研究问题，从一个创新点迈向另一个创新点。总之，兴趣和信心都可以培养，只要勇敢去做，去尝试，总比因无兴趣、无信心而蹉跎岁月，浪费生命强。

当导师未指定研究方向，或者需要从导师大的研究方向里面选择小的研究方向时，理工科生应该珍惜这次机会，一次根据自己的研究兴趣、专业基础与能力、实验室研究基础、导师课题等而主动选择研究方向的机会。不过，在兴趣、能力、研究基础、课题中，课题和研究基础是第一位的。对那些无相关课题、导师团队以前也未做过的研究方向，要慎重，理工科生一旦选择这样的研究方向，就成为导师课题组第一个从事该方向的人，不得不面临一切从零开始、理论和实验全得自己搞定的孤独科研之旅。当研究失败或者实验结果不理想，所在实验室无成熟经验可借鉴，导师又指望不上时，后果很严重，压力比山大，需要理工科生拿出勇气，迎难而上。

## 5.1.2　选择合适的导师

对理工科生来说，导师是科研项目提供者、研究方向提供或指定者、研究问题提炼与解决的指导者、科研工作的摆渡人。遇到学识高、为人正直的导师，是一名理工科生的幸运。不过，导师也是人，具有七情六欲、脾气秉性的人，有的导师真诚、有趣、接地气，连简历都不走寻常路，独树一帜。比如，图 5.2 所示的南开大学物理学院陈璟教授的个人简介。有的导师年轻，二十多岁就成为高校教授，教育经历非凡，科研成果出众，还长相好，幽默风趣。比如，西北工业大学的邵典副教授，28 岁入职该校无人系统技术研究院，她发布的招生信息走红网络，展示自己的招生优势后，还大大方方告诉学生自己的劣势，如严格犀利、苦哈哈搞科研、不爱写代码、身体不够硬朗等。

教授在他漫长的青春期游荡过许多地方，也不知不觉非常系统地完成了他的被教育。教授最自豪的是能在30岁之前靠全奖出了趟国，读完了书，还顺便拿到了一些文凭，包括2个学士学位（应用物理和计算机工程）、2个硕士学位（凝聚态物理和电子工程）和1个博士学位。2008年10月他被南开大学聘为教授，并且入选教育部新世纪优秀人才支持计划，从此开始了他的科研、教学、育人的生活。教授认为科研就是一种智力游戏（必须有趣、能伸能屈、绝不贪刀），而且他的确很享受南开大学的工作节奏，虽然依然吸不习惯这里的空气。教授目前已发表包括Science、PRL等100余篇文章（绝大多数他不想再读第二遍），被引用2600余次，h-index为28，详细列表见https://publons.com/researcher/1506605/jing-chen。因为人品好，他现为 PRL、APL、OL、OE、EPL、Nanoscale等国际期刊的审稿人。目前，教授的研究兴趣在于寻找下一个科研问题（就是物理图像清晰、数学简单的那种），并且继续申请基金、培养有潜力的学生。

图 5.2　陈璟教授个人简介

理工科生与导师从陌生人到在同一间实验室朝夕相处的科研合作者和伙伴的过程，是成就彼此的奇妙之旅。理工科生也许会在多位导师之间做比较、做选择，而导师对自己要招的学生也会有各种要求，比如，专业基础、本科或硕士毕业的学校、已有的科研经历与成果等。理工科生应根据自己感兴趣的研究方向，结合自己的学习能力、毕业学校、研究基础，以及相关老师或专家的推荐或建议，重点向有限几位导师展示自己。以往都是通过邮件联系导师，现在可以走社交软件渠道，而导师对学生的要求多半来自过去带学生的经验。比如，做计算机视觉、图像处理、深度学习等方向的导师要求学生具有较强的编程能力，或者来自某个学校的多名学生的科研表现令导师不满意，再次面对来自该校的学生时，导师会犹豫。

在理工科生与导师的双向选择中，学术"大牛"的地位特殊，他们最显著的特点就是"牛"，非常"牛"。你去看一眼他的履历，有各种顶级期刊论文、专著、发明专利等成果，各种学术头衔，比如一级学会理事、副理事长、理事长，各种 fellow（会士），包括 IEEE Fellow、INFORMS fellow、国内一级学会会士（如中国自动化学会会士）等，一大堆 SCI、EI 期刊的编委、主编；承担的项目都是大项目，基本不考虑普通老师日思夜想的国家基金项目，是国家科学技术奖励的常客；省级科学技术奖励一等奖才能入他们的法眼。学术大牛有一大堆的称号，在专业领域内有比较大的影响力。他们学术资源丰富，科研团队规模大，研究方向多，对学生也非常挑剔。专业成绩、毕业学校、科研成果都必须顶尖，才有幸被他们挑选。

同样，特别出众的理工科生也特殊，他们有一些共同的特质：专业成绩第一是基本要求，学科竞赛国家一等奖在他们的简历里只是普通的一项，科研能力潜力大，本科期间发表了顶级期刊或顶会论文，硕士期间顶刊或顶会论文数量已达十几篇，关键是他们做事认真，舍得投入时间，同时擅长沟通和交流，情商也出众。面对这样的学生，普通老师不敢接受。对他们来说，合适的导师应该是学术"大牛",或者同样优秀的年轻导师。

对于大多数普通理工科生来说，首先，想办法避开那些令无数学生无可奈何的导师。比如，在校外开公司，把学生当作免费或低廉的劳动力，只想如何让自己钱包鼓起来，却不考虑如何提升学生的科研能力，完全不关心学生的毕业和工作的导师。

其次，毕竟要和导师一块相处几年，与导师相处愉快，才能愉快地将科研进行下去，为此，应充分了解导师的脾气秉性、性格特征、对学生的指导方式和态度，这几点比导师的科研能力和水平更重要。导师的科研能力和水平由所在学院和研究所把关，只有通过导师审核的教师才能成为导师。而对于导师的脾气秉性和指导方式，学校和研究所不会审核和把关。了解导师最好的方式就是实地考察，直接与导师的学生面对面交流。

最后，面对心仪的导师，不要犹豫，尽快下手。硕士考生应该在硕士初试成绩公布后，根据以往招生情况，尽快给导师发邮件，敲定导师的名额；一旦通过复试，要与导师再次确认，建立更进一步的联系，比如加导师微信，到导师实验室学习和研究。由于高校和研究所的博士生招生普遍采取申请-审核制，没有导师接受你报考，就意味着无法进入申请-审核流程，因此，博士报考首先是找到导师接受你报考，与硕士生报考不同，报考博士生时，一个人可以参加几个学校的申请-审核。

**合适**是理工科生和导师双向选择的重要考虑因素，主要考虑如下几方面：

**能力合适**。特别出众的学生与学术"大牛"能力合适，特别出众的学生满足了学术"大牛"对好学生的大多数要求，而学术"大牛"能让特别出众的学生成长得更快。普通导师与普通学生也属能力合适，普通导师学术资源有限，普通学生科研能力有限，双方能让彼此共同成长。

**个性合适**。师生性格脾气不合适，比如急性子导师遇上慢性子研究生，稳重的导师遇到鲁莽的研究生，直率的导师遇到内敛的研究生，要求高的导师面对混文凭的研究生，都容易让师生双方心生芥蒂。

**诉求合适**。这对师生双方也很重要。导师好不容易招一个研究生，可研究生不好好学习，不认真做科研，要求他修改论文，他不予理睬，还经常消失在视线外；或者拼尽全力考到目前学校，成为导师的学生，而导师只管让学生干活，不关心学生学业和研究。诉求不一致，不合适，矛盾自然少不了。

## 5.1.3　与导师的相处之道

导师和理工科生本是科研路上的同行者、攻坚克难的战友，彼此结成了利益共同体。师生一块研究问题、一起推敲细节，在苦思冥想中彼此启发、共同提高；进展受阻时，一起发愁；难题解决后，一道欢呼；论文发表后，一块庆祝；毕业离校后，师生情谊依旧在。

理工科生和导师本是茫茫人海、芸芸众生中彼此有缘的人。在导师领导的科研团队里，导师有能力、有愿望、有操守，而理工科生积极向上、富于创造性、认真努力、踏实肯干。按照佛教的说法，师生从认识、相处，到成就彼此，就是结缘，而且是结善缘（见图 5.3），就能得善果，在团队不断成长的过程中，实现个人的成长，同时实现团队与个人共成长。

图 5.3  善缘图

然而，现实情况却是，师生之间矛盾重重，恶缘不断。导师成了 Boss，甚至是大 Boss，领导一些小 Boss 和几十个硕士生和博士生，学生成为科研项目的执行者，没日没夜、起早贪黑地赶项目进度，以至于为了不影响项目进展，导师不让学生实习和找工作，让学生的利益受损。而一些学生的不认真、不作为也让导师头疼不已，以至于导师破口大骂。比如，2019 年上海交通大学某副教授加班加点给学生改了三天的论文，到了约定再次提交修改稿的时间，学生却溜了，气疯了的导师口不择言地骂了学生。

是什么原因导致理工科硕士生、博士生与导师无法和谐相处，无奈度过几年难堪的时光，有的学生甚至付出了惨痛的代价？

## 1）学生不能适应导师的指导方式

导师对理工科生的一种指导方式是放养式指导，包括完全放养，导师只给研究方向，无指导、无组会、无例会，导师神龙见首不见尾，一学期见不了几次；部分放养，导师有指导，但指导比较少，学生怎么做，导师不管，小论文怎么发，他不关心，但会重视毕业论文。从事理工科基础研究或应用基础研究，以做国家基金项目为主的导师往往选择放养式指导，但放养不是放任，它代表了导师对学生的信任。

放养式指导的好处是理工科生可以自主安排学习和研究，适合那些科研能力比较强、有科研目标、自律且专注的学生，容易培养学生的独立科研能力。弊病就是在科研上要走一些弯路，不适合缺乏自制力、能力不够强、没有明确目标的硕士生和博士生。

与放养式不同，Push（催促）式导师时刻关注理工科生的研究进展，实验室多实行项目制，每周必须打卡超过 60 小时，不容许任何人出去实习，在找工作的黄金时期——秋招时只能偷偷摸摸投简历，在实验室只能做项目。Push 式导师多半承担很多项目，尤其是横向项目，每个理工科生都是项目的打工人，必须推着理工科生不断赶进度，才能保证项目按期完成。一旦觉得导师"只让马儿跑，不给马儿吃草"，舍不得发补贴，理工科生容易认为导师压榨他们。

对于那些有科研能力、强烈科研目标和愿景的学生，不待扬鞭马自蹄，根本无须 Push，部分放养完全可行；而对于无强烈科研意愿、以拿到文凭为目标的学生，即使从事自由探索的理论、方法研究，也应该多检查、多督促。大多数情况下，应采取放养式指导和 Push 式指导相结合的原则，在该放养时放养，该 Push 时 Push。比如，在学生选题和思考研究思路时，要经常督促，每周开一次组会，对学生遇到的困难提建议，指出研究思路的不足，而研究思路敲定，则让学生自己做实验，整理实验结果，进行结果分析。

理工科生无法改变导师的指导方式，只能适应。面对放养式导师，理工科生首先要认识到必须靠自己才能顺利毕业，尽早做好科研规划；其次，做好时间管理，不要让导师的不督促，成为自己在学业和科研上松懈放纵的借口，否则毕业之时必然抓瞎；最后，学会独立解决问题，提高独立科研能力。有必要时，多向师兄师姐请教，抓住一切机会，主动与导师联系。而当自己无法忍受导师的Push时，不能憋着、强忍着，应积极主动与导师沟通，同时自我缓解、解压。

## 2）导师的指导有缺陷

导师偏爱那些专业基础扎实、研究基础好、对导师研究方向感兴趣、热心科研，同时具有较强沟通能力、踏实肯干的理工科生；而具有如下特征的导师往往受理工科生青睐。

- 学问扎实，治学严谨。这样的导师像一座灯塔，在选题、设计研究思路、理论推导、实验验证时，指引理工科生朝正确的方向前进，避免无意义的盲人摸象，或者低水平的重复研究

- 心态稳定，性情沉稳。学生犯错、偷懒、不认真，或者进步缓慢，抑或多次提醒学生要注意的事总是不注意，比如，反复交代要思考每个创新点背后的理由和原因却总是忘记时，导师能冷静处理，学生压力会小很多

- 亦师亦友。这是师生之间相处的最高境界。不仅能给予学生指引，还能与学生平等地进行交流与沟通，听取学生的意见，经常鼓励学生，偶尔批评，而不是唯我独尊，独断专行，听不进学生意见

- 认真负责，耐心指导。这样的导师耐心细致地给学生传授

创造思维技能，教学生如何提出创造性的研究思路，传授学生论文撰写和投稿的各种技巧、经验。当学生撰写的英文论文惨不忍睹时，帮学生逐字逐句地修改，还不忘告诉学生自己经历过的各种投稿坑

- 关心学生。在年长的导师眼里，学生就是自己的孩子，而在年轻的导师眼里，学生是兄弟姐妹。学生科研受挫，导师及时出手，提建议，想办法；学生生活有困难，导师嘘寒问暖，关爱关心

一旦导师对理工科生的指导背离了以上 5 点，忘记了导师作为师生关系主导的责任，理工科生难免要吐槽和不满。比如导师有责任避免让学生受到伤害，有责任充分考虑学生的诉求，尽力满足学生的诉求，如在学生找工作的高峰时段，适当减轻学生的项目任务，让学生有充足的时间找到理想的工作。若在找工作的黄金时期给学生安排繁重的科研工作，学生极有可能感到不满。

### 3）理工科生自身的问题

即使导师不放养，不催促，尽力做到对理工科生的指导到位，师生之间的矛盾依然存在，主要是作为师生关系的另一方，有的理工科生忘记了自己有义务维持好这层关系。

典型表现就是理工科生对自己的工作不负责。以学位论文的撰写和修改为例，明明理工科生是自己学位论文的负责人，学位论文盲审不能通过，不能毕业的不是导师，可偏偏一些理工科生的做法让导师强烈感受到他们对自己的论文持事不关己的态度，一轮修改完毕，导师耐心指出哪些地方需要继续修改，一周后再次见到这篇论文，该修改的地方依旧保持原样。这种情况很常见，曾令无数导

师血压飙升，想要骂人。因此，理工科生应积极融入导师的科研团队，在导师引导和帮助下，大幅提升自己的科研能力。

## 5.2 提升科研能力 »

科研涉及文献查阅与分析、提炼研究问题，运用创造思维提出具有创造性的研究思路、理论推导，实验或试验验证及结果分析，论文写作，与导师、同门、同行的沟通和交流，同时科研是充满不确定性、具有较高失败风险的创新活动。当科研进展陷入停滞，甚至失败时，如何走出沮丧、失落、焦虑，并有勇气再次出发，找到新的思路，走出灰暗的时光。所有这些科研活动需要的能力，都是科研能力。

如图 5.4 所示，科研能力主要包括创造思维能力、文献处理能力、发现问题的能力、实验设计能力、写作表达能力、沟通合作能力、抗压能力。创造思维及创造思维能力已在 2.1 节详细介绍，下面主要介绍其他几种能力。

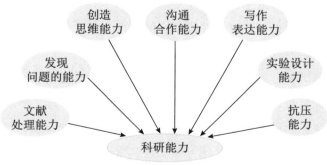

图 5.4　科研能力组成

## 5.2.1　文献处理能力

文献处理的第一步是查阅文献。查阅文献的关键就是工具的使用，以中文文献为主的有中国知网、万方数据库；外文学术资源库则有 web of science、EI Village，学术出版公司 Elsevier、Springer、Wiley 的期刊与会议论文数据库，IEEE、ACM 等学术组织的期刊数据库等。此外，如果需要，可查阅年鉴数据、行业数据、进出口数据等。行政主管部门、公共网站或数据库、国际性组织网站、行业协会与组织的网站都可能查阅到需要的文献。

查阅的文献应该具有较高的学术水平或技术价值。中文论文应以本专业 SCI、EI 源期刊，口碑不错的核心期刊，博士学位论文为主，中文非核心期刊论文、大多数硕士学位论文的阅读价值不大。比如，优化与控制方向，《信息与控制》只是核心期刊，却是自动化专业的老牌期刊，发表了大量有价值的论文。外文论文则以主流 SCI 期刊论文为主，其他 SCI、EI 源期刊论文作为参考。

第二步是阅读和分析文献。应将思考与文献阅读、分析结合起来。对每一篇文献，弄清楚研究动机，搞懂主要工作与创新点，理解研究结论，同时分析文献研究工作的不足，并针对不足，思考自己的解决办法，如有必要，可暂时停下阅读的脚步，专心思考。

在论文大爆炸的今天，每个研究方向的相关文献数量巨大，不可能一一阅读，应采取精读与泛读相结合的方式，从查阅所得文献中，选择部分来自顶级期刊、同领域学术"大牛"的论文，或者自己认为非常有价值、值得深入阅读的文献进行精读，而对于其他文献，先进行泛读，主要是读题目、摘要、研究动机，浏览其主要工作的创新点，如果发现论文值得精读，则精读；否则只泛读。

刚入门的理工科生，可先阅读某个研究方向的中文文献，当中文文献积累到一定数量（如十余篇）后，应以外文文献为主。阅读文献时，可留意文献作者的表达，尤其是英文表达，对那些逻辑性强的段落认真体会和揣摩。

第三步是找到自己感兴趣的研究问题和初步思路。

阅读不是文献处理的重点，重点是阅读后的思考。只阅读不思考，只能体会到人家论文的精彩，而自己依旧很迷茫，不知要研究什么，哪些问题值得研究。思考能让理工科生少迷茫，帮助他们一步步明确感兴趣的研究问题，将文献阅读与研究问题结合在一起，从而达到事半功倍的效果。此外，通过阅读时思考，积累一些初步想法或办法，有助于快速给出初步研究思路。

## 5.2.2　发现问题的能力

发现问题是科研的逻辑起点。苹果落下来砸在无数人的脑袋上，只有牛顿对此现象产生了探究的冲动，脑海中冒出了一些为什么，从而诞生了万有引力定律。法国物理学家亨利·贝克勒尔发现了晶体射线，却不再探究如何测量射线力量强度，居里夫人对该射线提出并解决了一系列问题，最终发现了元素镭。

当理工科生面对认知过程或科研所遇到的想不明白的问题或者疑惑不解的现象，产生了探求的冲动、解开疑问的想法、找不到答案还焦虑的心理状态，就意味着具备了问题意识。具备问题意识的人，面对未知的问题或现象，具有积极思考的冲动，会不断提出问题并解决问题。可见，问题意识是个好东西，正是具备强烈的问题意识，牛顿和居里夫人才提出了一个个普通人根本不会想到的问题。

怎样培养发现问题的能力，不断增强问题意识？首先，扎实的专业基础、宽广的专业知识、对研究现状的充分了解是基础。其次，唯有对未知的事情具有好奇心、求知欲，持开放包容的态度，不墨守成规，才能对新知识、新前沿具有敏感性，才能在别人未发现时抢先研究，做开创性工作。最后，敢于尝试，反复琢磨，哪怕提出了遭人讥笑的问题，也不轻易放弃。唯有持续地提问题并解决问题，方能提升发现问题的能力。

## 5.2.3　实验设计能力

实验验证是理工科研究中判断研究思路的真伪，验证其合理性、有效性、优势、劣势等的主要手段，在设计实验时要考虑实验技术路线的可行性，包括理论可行性、技术方法可行性、实验条件可行性、人力财力的可行性等；考虑如果实验出现问题，无法进行，应如何补救和纠偏。对实验结果要有初步预判。比如，设计论文提出的算法与其他算法的对比实验时，可先使用一些不易解决的测试实例或测试数据集，比较论文算法与其他算法的结果差异，从而判断论文算法是否有优势，若没有优势，则可能需要调整研究思路。

理工科专业不同，所涉及的实验类型和实验能力也各不一样。比如，针对调度优化算法、深度学习算法、图像识别算法等，实验能力以程序编程能力为主，而机器人步态识别、飞行作业机器人控制等，除了在仿真软件上做实验，还需要动手搭建实验平台。无论设计什么类型的实验，都要遵循如下三项基本原则：

（1）安全。安全是各个实验室管理的第一原则。不顾个人性命安危做实验，一点都不可取。有人失败了，付出了生命，比如，俄罗斯科学家利赫曼和他的助手观察雷电现象达三年之久，认为打雷闪电是天空放电，并为此设计实验，两人在实验中双双毙命。有人做好了为科学献身的准备，却成功了。比如，2005 年诺奖获得者巴里·马歇尔在发展幽门螺杆菌假说的时候遭到了几乎全体科学家和医生们的嘲笑。这些人笃定地认为，胃里面是酸性环境，任何细菌都能被杀死。马歇尔的动物实验失败了，他决定做人体实验，他喝下了含有大量幽门螺杆菌的培养液。5 天后，他果真在自己的胃黏膜中发现了幽门螺杆菌。

（2）可重现性。实验过程可重复，实验结果能重现，孤证不立，一次实验无法确切地证明实验的结论就是正确的。能重复的，才是科学。

（3）目的专一。实验能得到的数据，最好能直接证明结论，这是最简单的目的专一。

## 5.2.4　写作表达能力

研究结果必须以论文、专利等形式通过审稿或者专利局的审查，公之于世，才能变成科研成果。如何将研究问题、研究思路、理论、实验或试验验证结果与分析转化为结构合理、层次分明、表达规范、逻辑性强的论文、专利说明书等，写作能力是关键。

提高写作能力，没有捷径可走，应从两个方面下功夫：

（1）学习。通过阅读优秀论文、专著，学习规范的学术表达，逐步熟悉各种专业术语。

（2）运用。多加练习，有意识地在撰写文献综述、小论文等实践中使用规范的学术表达，在运用中发现自己的表达问题，养成自己的学术表达习惯。

表达能力包括对外演讲、参加学术会议、报告展示等。为了做一次精彩的学术汇报，首先，应做好汇报 PPT，不能让每张幻灯片都塞满文字和图片，避免犯一些理工科生可能会犯的错误，比如 PPT 直接使用论文中的复杂图表、图片模糊、幻灯片色彩与背景对比不足；其次，汇报时不能念 PPT，要宣讲，清楚地向听汇报的人介绍你做了什么、怎么做的、为什么要这么做。汇报时应该条理清晰、逻辑性强，能让人抓住重点。最后，良好的学术汇报能力要多练、多借鉴学术"大牛"做的 PPT 以及有激情的宣讲方式。

## 5.2.5　沟通合作能力

理工科生在做科研时，需要与导师、同门的兄弟姐妹、其他同学、其他研究领域的科研人员进行交流。有效的沟通能帮助理工科生更好地表达自己的想法、理解他人的观点、进行有效的合作，从而顺利推进自己的科研工作，让自己早出成果，出好成果。比如做学术报告时，注意和观众的沟通互动，用清晰、准确、有说服力的宣讲吸引观众，引起观众的重视，就可能引得同行与你深入交流，甚至找到可能的合作伙伴。

导师是科研过程中理工科生经常沟通的对象。导师经验丰富，随意几句指点就能让理工科生避开很多坑；如果沟通不畅，导师不了解理工科生科研进展为何如此缓慢，理工科生抱怨导师影响了自己的科研进展，比如让学生干杂事过多，就会严重影响科研效率。理工科生应及时如实地向导师汇报科研进展，遇到困难时，主动向导师请教。

合作是科研发展不变的主题，合作时应清晰了解自己的能力和需求，明确为何要合作，想通过合作获得什么，即合作目的要明确；要寻找合适的合作伙伴，了解对方能提供的东西、脾气秉性、合作历史、研究兴趣、专业能力等；正式合作前可进行预合作；在考虑彼此需求的前提下加强沟通。理工科生应建立合作意识，培养合作精神，弄清如何实现有效的科研合作等，并在科研工作中尝试与同门兄弟姐妹、其他科研人员建立合作关系，进行合作实践。

## 5.2.6　抗压能力

科研往往需要长时间的专注和毅力，可能需要花费数月甚至数年完成一个研究项目，写出一篇高水平研究论文。这需要研究者和理工科生有足够的毅力和耐心，对自己的研究充满热情，能在遇到困难和挫折时坚持下去。除了科研成果出不来或进展缓慢面临压力外，还有一种压力是做冷门研究、从事大家都不看好的工作时的压力，这种压力让人绝望和崩溃，没有那种"吃得苦、耐得烦、霸得蛮"的精神，不怕苦、不服输的拼劲，是难以抗住这种让人绝望的压力的。

2016 年，当许多研究者在探索如何通过缩减网络连接来降低模型复杂程度时，密集连接卷积网络提出者、清华大学助理教授黄高却另辟蹊径，希望通过增加跨层连接，使信息通道更加通畅，让模型中的信息更快速地向前传递。当时他和学生探讨了自己的想法，却无人想做。他跟导师说做这个事情时，向来不会打击别人的导师笑了一下说"you can have a try"（你可以试一试），然后就走了。黄高并没有放弃，他和来自清华姚班（清华学堂计算机科学实验班）的刘壮一起用三个月的时间，突破了传统深度神经网络的单向直链结构，提出全局密集跨层连接范式 DenseNet，使神经网络实现"连接数多而计算量少"，极大地提升了运算效率。

## 5.3　突破自我，让科研成果水平一路走高 »

科学研究本身就是一个不断突破现有知识边界的活动，从事科学研究的理工科生也需要不断突破自我，才能从现有知识、理论、技术出发，找到新知识、新理论、新技术。理工科生只有不断突破自我，才能从科研的门外汉、菜鸟，成长为熟练的科研人员、科研达人、学术"大牛"，才能从核心期刊论文起步，发展出 EI 源期刊论文、SCI 源期刊论文、顶刊论文，一路走高，从一篇论文，到数量过十、过百，甚至几百篇论文，数量和质量不断看涨。

理工科生可采取如下策略实现自我突破。

### 5.3.1　做好规划

"规划"一词的基本意义由规和划两部分组成。在古代汉语中，"规"指法则，比如萧规曹随；指谋求，谋划，比如"今将军诚能命猛将统兵数万，与豫州协规同力，破操军必矣"。而"划"通"画"，比如，出谋划策，杜甫《送从弟亚赴安西判官》有诗句"须存武威郡，为划长久利"。规划是长远的发展计划，是有计划地去完成某一任务或目标而做出的比较全面的长远打算，比如国家制定的"十四五"规划。

理工科生，尤其是硕士生和博士生，应在入学报到之前和报到之后的一段时间内，做好自己读研或读博的规划。**为何要制定规划？**因为科研充满了太多的变数和不确定性，无数困难和艰难折磨着每名理工科生，加上很多理工科生随大流读研，或因找不到合适的工作而读博，缺乏规划，鉴于此，理工科生的学习和科研生涯难免会变成塞满迷茫、惶恐、焦虑，进展缓慢的痛苦之旅。

理工科生通过规划，可更加明确自己未来科研的方向和目标，以更加积极的心态面对未来的挑战，避免因为无计划而浪费时间和机会；通过规划，能更好地管理自己，做到自我约束，自我控制；通过规划，能更好地把握机遇，发掘自己的潜力，实现科研目标；通过规划，能看到长远的未来和更广阔的空间，具有远见和洞察力。

理工科生科研规划有个天然的目标：满足高校或研究所规定的毕业要求，顺利毕业，拿到学位，这是必须达到的最低目标。但理工科生不能只盯着这个目标，尤其是博士生，仅仅满足规定的毕业要求，毕业是有难度的，找工作也不会太顺利。应在最低目标基础上根据自己对未来的规划，给自己增加挑战难度，制定更高标准的目标。比如，学校规定发表 2 篇 SCI 论文就可毕业，但仅仅只有 2 篇 JCR 3 区或 4 区的 SCI 论文，往往盲审成绩比较难看，需要人品和运气加持，才可能惊险通过。靠谱的做法是提高论文的质量和数量。

有了目标，下一步就是实现目标。理工科生应根据自身拥有的资源、能力等实际情况，规划实现目标的路径、手段、策略等，合理制订学习和研究计划。

以理工科硕士生为例，第一年完成如下任务：学习和掌握硕士课程，在导师指导和自己努力下，明确研究方向与目标，学会文献查找、阅读、分析、思考等，了解创造思维技法，通过与导师的沟通明确硕士论文的选题，并开始第一篇论文的问题选定、研究思路设计、理论验证或实验验证、结果分析、论文撰写与投稿等。

除了研究计划，理工科生还要讲究方式方法，力争少走弯路，达到事半功倍的效果。比如，积极主动与导师交流和沟通，不能消极回避导师，应与导师面对面、平等地对话交流；勤奋刻苦用心地从事科研，尽早发表人生的第一篇学术论文，以增强自信心，消除毕业的恐惧和顾虑；尽量多地参加学术会议，与国内外同行交流学术思想；学会有激情、有条理、有逻辑地做精彩的学术报告，提高沟通能力和学术表达能力，促进心理成熟，积累学术交流经验。

每一年的学习和研究计划定好了，下一步就是执行计划。要明确每个月、每周、每天要做的事情，要完成的任务，要达成的目标，科学合理地规划时间，确保计划的顺利施行。要像圆规那样，围绕着目标在不停地走，切忌心不定，脚不动，目标不清晰，行动不给力，这样做最终难免草草收场，以比较难堪的学术成果侥幸过关，勉强毕业。

## 5.3.2　研究要趁早

理工科生一般 18 岁上大学，22 岁本科毕业，如果 GPA 排名靠前，甚至年级第一，同时在本科期间进入老师的实验室从事相关研究，尽早接触到科研项目、团队及相关平台，了解研究内容在国内外的发展状况，早早地完成硕士生期间才进行的科研训练，熟练掌握理工科的科研路径，发表多篇论文，然后本科保研直博，由于训练有素，能直接承担导师的课题，能更快融入科研团队，少走弯路，在 27 岁或 28 岁时会拿到博士学位，发表一大堆顶刊论文，做出一些有影响力的科研成果。

目前，国内很多高校鼓励优秀本科生进入科研实验室。华中科技大学未来技术学院在全国率先面向本科生开设实验室轮转，学生自主选择 3 个实验室轮转学习，以此让本科生系统了解研究领域，明确学术研究方向。教育部也发文，吸引优秀本科生走进国家重点实验室参与科研。国家自然科学基金委在 2023 年首次在清华大学等 8 所高校试点，设立本科生基金项目，激励优秀本科生投身科学研究。

由于在本科期间一步领先，比同龄人更早地投入科研中，在同龄人刚刚进入博一、博二时，这样的人已经博士毕业，进入高校或研究所，后面可能步步领先。电子科技大学教授刘明侦就是一位科研趁早的鲜活例子。刘明侦 18 岁考入英国布里斯托大学，21 岁以全系第一名的成绩毕业，22 岁成为剑桥大学硕士，24 岁在牛津大学获得博士学位，25 岁成为电子科技大学博士生导师，在国际顶级期刊 *Nature*、*Nano Energy*、*Solar RRL* 等发表论文 30 多篇。

科研起了大早，趁早成名的可能性也低不了。实际上，和演艺明星、作家一样，科研人员成名也要趁早，即尽早建立国际学术声誉。哈佛大学教授何毓琦用自己的亲身经历告诉中国的研究者，研究是世界性的。对学校来说，一流研究工作的性价比比教学要高得多，学校更看重研究。然而在一流大学里，你的竞争对手是全世界的研究人员。比如在哈佛大学，在决定你是否能够拿到终身教职的时候，学校会特意把你与世界上同领域的权威放在一起比较。何毓琦敏锐地意识到，哈佛大学是为了让你维护并不断提高它的世界声誉，别的都是次要的。

基于前辈成熟的经验，理工科生通过发表高水平学术论文，积极与世界优秀的同行交流、合作，紧盯学科发展前沿，做有难度且有价值的研究，憋大招出大成果。

## 5.3.3 擅长写作与演讲

科研活动最终要形成一大堆期刊论文和学位论文、好多专利说明书、数量众多的技术报告书等，才能实现科研项目的预期成果，科研项目才能交差。前期科研项目完成得优秀，申请下一个科研项目才有底气。为了让科研持续下去，没有经费是万万不行的，为了经费，必须写好项目申请书。大多数理工科生见识过，春节是导师最忙的日子，导师殚精竭虑，只为申请书漂亮一些，再漂亮一些。理工科生也亲身经历过，努力过，可写出的论文依然词不达意、逻辑混乱，完美避开了学术规范，更让人崩溃的是完全不知所云。

哈佛大学何毓琦教授认为，除非提出了相对论或者搞定了人类基因图谱，每个人要跟成千上万个和自己一样聪明的人竞争。好想法、好论文、好报告是三项独立而且同等重要的工作。理工科生不能只重视好想法和好论文，好报告也非常关键。好报告，绝对不是从论文里复制拷贝制作一套 PPT，然后对着论文照本宣科。一个好的报告应该能够让一般听众听懂，同时又给专家同行留下非常深刻的印象。

统计数据表明，一篇普通科技论文的读者只有 5 位，5 位读者中还包括了论文的编辑和审稿人，而一次优秀讲座的听众可能多达数十人、数百人甚至数千人。大多数听众一个月后大概都不记得你讲座的具体内容了，但是多年以后他们可能还会记得，你的那次讲座非常成功。这种针对听众的讲座能给你带来许多意想不到的好处，比如让台下听你报告的政府官员、企业负责人觉得你是值得项目资助的人。

实际上，论文写作能力和沟通表达能力是科研能力的重要组成部分，也是目前许多理工科生比较欠缺的部分。太多理工科硕士生没有导师的帮助，难以完成一篇结构合理、层次分明、表达规范的学位论文。理工科博士生若能在博士期间通过中文论文写作这一关，就已经不错了，勉为其难写出的英文论文，往往不堪卒读。理工科生在校期间参加课题组组会汇报、开题报告、预答辩、答辩，以及科研项目的进展汇报、学术会议小组报告等，往往也是整张幻灯片塞满文字和图片，逐字逐句照着念。

写作水平不高，论文发表将困难重重，项目申请也将难上加难，理工科生科研之路将难以为继，更谈不上实现自我突破，让科研成果水平一路走高了。而且写作这一关要尽早过，不然，科研趁早也失去了意义。而写作没有捷径，只能多看、多练。多看在写作上精彩异常的论文和项目申请书，多向科研方面的写作高手请教，然后实践，反复写，反复改，并总结经验教训。

论文写作的关键是写好中文论文。由于中国人思考时都用的是中文思维，写英文也用的是中文思维，只要能写出表达准确客观、逻辑性强的中文论文，就能写好英文论文。相反，中文论文都写不好，指望理工科生写出一篇漂亮的英文论文，无疑是天方夜谭。因此，理工科生要加强中文论文写作，同时提高英语表达能力。

好的科研工作应该搭配一场场精彩的报告。理工科生应尽力用充满条理和逻辑性的语言将自己的工作娓娓道来，令现场和线上的观众和听众弄清你的工作是怎么回事，理解你的工作的价值。这种表达能力的提升也非一朝一夕能做到的，需要理工科生在每一次演讲前，精心准备 PPT，反复演练，演讲后复盘，并针对做得不好的地方，积极改进，同时注意语言幽默、表达有趣，能引起观众和听众的共鸣。

## 5.3.4　不惧困难　勇于挑战

没有足够的勇气难成大事，想在科研上有所建树、实现自我突破也需要有足够的勇气。大胆天下去得，小心寸步难行，科学上的重大发现和技术上的颠覆性革命钟爱科研中的那些勇士。哈佛大学教授谢晓亮从化学起家，不断突破学科界限，从物理化学、生物物理到生物化学，再到分子生物学、基因组学、临床医学，无畏探索，勇于创新，在多个学科领域作出创造性贡献。他是单分子酶学的创始人、单分子生物物理化学的奠基人之一。

对于科研问题，决不能说"我不能"，什么问题都要敢于去尝试，敢于去啃"硬骨头"。学术问题是"纸老虎"，没有什么可怕的，只要敢于尝试、勇于挑战、持续钻研，就有希望解决问题；学术问题也是"真老虎"，是较真的事情，要实干、拼搏、不惧困难。

科研活动和人类许多活动一样，越是人多的地方，越不容易脱颖而出，实现突破；相反，独辟蹊径，进入那些参与者稀少，甚至无人的研究领域，反而可能实现突破。只是人类强大的从众心理，会让那些不走寻常路的探索者因缺乏同伴而失去安全感，承受失败的恐惧和无人支持的孤独。当黄高另辟蹊径，希望通过增加跨层连接，使信息通道更加通畅，让模型中的信息更快速地向前传递时，无人支持和喝彩，但他并没有被困难吓倒；当现代火箭之父罗伯特·戈达德面对几乎所有同行都认为他的设想是错误的的时候，他并没有放弃。最终，经过他的勇敢挑战，他成功了，实现了科研上的突破。理工科生应该向这些敢于在全新研究领域探索的研究者学习，找准自己要实现突破的方向与领域，然后无惧困难与挑战，心无旁骛地走下去，成长为科研达人。

所谓科研达人指在科研方面取得突出科研成果的人。这个荣誉称号通常属于年轻的理工科生和青年教师。这些人论文的数量和质量明显高于同龄人，获得一大堆荣誉和科学技术奖励，具备非常大的拿到属于青年人的各种学术帽子的潜力，比如，国家优秀青年基金获得者、青年长江学者。假以时日，他们多能成长为在所在研究领域具有较强国际学术声誉的人。

科研达人往往不是科研孤狼，应懂得积极融入导师科研团体的重要性，珍惜同门友谊，对和自己有共同生活经历的同门，学习他们的优点，宽容彼此的缺点和不足；应具有团队精神和牺牲奉献精神，作为导师团队中最优秀的成员，当其他成员科研受阻或者有困难时，毫不吝啬地提供力所能及的帮助，成为导师指导研究生的好帮手；应保持健康阳光的心态，远离愁眉苦脸，对自己的能力和未来充满信心，同时多参加体育锻炼，保持身体健康，适当培养一些兴趣爱好，给紧张的科研生活增加情趣。电子科技大学基础与前沿研究院 2019 级博士研究生马莉就是一名物理学的科研达人，在科研上她敢闯敢拼、迎难而上，以第一作者在 *Laser&Photonics Reviews*、*Nano Letters*、*ACS Nano* 等 SCI 一区 TOP 期刊发表论文多篇，她同时又是一名钢琴十级的文艺青年，玩转钢琴、编曲、影视、舞蹈等。

　　正如华为公司对"天才少年"计划签约者提出的四项要求：梦想以科技力量让世界变得更美好；乐于探索未知，渴望从事最前沿的科技研究；有志成为技术领军人物；敢于创新，敢为天下先。每一名理工科生，尤其那些有能力成长为科研达人的理工科生，都要志向远大，勇敢挑战自我能力的极限，勇敢做新研究领域第一个"吃螃蟹"的人，为国家科技进步、科技实力提升、突破"卡脖子"技术封锁而奉献自己的青春和力量。

# 参考文献

[1] 吴国盛.什么是科学（一）[J].现代国企研究，2011（9）：94-96.

[2] 贾良慧，周海忠."拉曼效应"的发现之路：纪念拉曼逝世 50 周年 [J].物理通报，2021（3）：146-148.

[3] 陈彦杰，于健业，张振国，等.飞行作业机器人动态抓取的非奇异终端滑模自适应控制 [J].机械工程学报，2023，59（23）：76-86.

[4] 崔正植.基于人工蜂群算法的卡车无人机协同路径优化问题研究 [D].武汉：武汉理工大学，2022.

[5] 刘俊婉.杰出科学家的创造力特性：基于科学计量学的研究 [M].北京：科学出版社，2018.

[6] 张佐营，叶桂荀.驾驶疲劳监测技术研究综述 [J].汽车科技，2022（1）：8-14.

[7] 袁隆平.水稻的雄性不孕性 [J].科学通报，1966（4）：185-188.

[8] 赵纪龙.混合励磁轴向磁场磁通切换永磁电机控制系统研究 [D].南京：东南大学，2016.

[9] 金梅，薛静芳，张立国，等.基于 PERCLOS 判据的驾驶员疲劳监测系统 [J].高技术通讯，2022，32（12）：1245-1250.

[10] 万晨，李文中，丁旺祥，等.一种基于自演化预训练的多变量时间序列预测算法 [J].计算机学报，2022，45（3）：513-525.

[11] 管欣，尤进红，周勇，等.分位数回归下的动态单指标变系数模型 [J].数学学报，2024（1）：45-71.

[12] 魏翔，王靖杰，张顺利，等.ReLSL：基于可靠标签选择和学习的半监督学习算法 [J].计算机学报，2022，45（6）：1147-1160.

[13] 张凌凯，张浩，崔子晏，等.不同循环模式条件下膨胀土的力学特性变化规律及其物理机制研究 [J].土木工程学报，2023，56（10）：135-148.